授業の腕が上がる新法則シリーズ

「家庭科」

授業の腕が上がる新法則

監修 **谷 和樹**

編集 **白石和子・川津知佳子**

JN060820

☀学芸みらい社
GAKUGEI MIRAISHA

刊行のことば

谷　和樹 （玉川大学教職大学院教授）

1　「本人の選択」を必要とする時代へ

今、不登校の子どもたちは、どれくらいいるのでしょうか。

約16万人[※1]

この数は、令和元年度まで6年間連続で増え続けています。小学校では、144人に1人、中学校では、27人に1人が不登校です。

学校に行けない原因が子どもたちにあるとばかりは言えません。もちろん、社会環境も変化していますから、学校にだけ責任があるとも言えません。しかし、学校の授業やシステムにも何らかの問題があると思えます。

以前、アメリカでPBIS（ポジティブな行動介入と支援）というシステムを取り入れている学校を視察しました。印象的だったのは「本人の選択」という考え方が浸透していたことです。その時の子ども本人の心や体の状態によって、できることは違います。それを確認し、あくまでも本人にその時の行動を選ばせるという方法です。

これと教科の指導とを同じに考えることはできないかも知れません。しかし、「本人の選択」を可能にする学習サービスが世界的に広がり、増え続けていることもまた事実です。例えば「TOSSランド」は子ども用サイトではありませんが、お家の方や子どもたちがご覧になって勉強に役立てることのできるページもたくさんあります。他にも、次のようなものがあります。

①オンラインおうち学校[※2]
② Khan Academy[※3]
③ TOSS ランド[※4]

さて、本書ではこうしたニーズにできるだけ答えたいと思いました。

> 激動する社会の変化に対応する教育へのパラダイムシフト〜子どもたち
> 「本人の選択」を保障する考え方、そして幅広い「デジタル読解力」を必
> 須とする考え方を公教育の中で真剣に考える時代が到来しつつあります。

　そこで、教師の「発問・指示」をきちんと示したことはもちろんですが、「他にもこんな選択肢がありますよ」といった内容にもできるだけ触れるようにしています。

2　「デジタルなメディア」を読む力

　PISA2018の結果は、ある意味衝撃的でした。日本の子どもたちの学力はそれほど悪くありません。ところが、「読解力」が前回の2015年の調査に続いて今回はさらに落ちていたのです。本当でしょうか。日本の子どもたちの読解力は世界的にそれほど低いのでしょうか。実は、他のところに原因があったという意見もあります。

> パソコンやタブレット・スマホなどを学習の道具として使っていない。

　これが原因かも知れないというのです。PISA が CBT といってコンピュータを使うタイプのテストだったからです。

　実は、日本の子どもたちはゲームやチャットに費やす時間は世界一です。ところが、その同じ機械を学習のために有効に使っている時間は、OECD 諸国で最下位です。もちろん、紙のテキストと鉛筆を使った学習も大切なことは言うまでもありません。しかし、写真、動画、Web ページなど、全教科のあらゆる知識をデジタルメディアで読む機会の方が多くなっているのが今の社会です。

　そうした、いわば「デジタル読解力」について、今の学校のカリキュラムは十分に対応しているとは言えません。

　本書の読者のみなさんの中から、そうした問題意識をもち、一緒に研究を進めてくださる方がたくさん出てくださることを心から願っています。

※1　文部科学省初等中等教育局児童生徒課『平成30年度児童生徒の問題行動・不登校等生徒指導上の諸課題に関する調査結果について』　令和元年10月　https://www.mext.go.jp/content/1410392.pdf
※2　オンラインおうち学校 (https://www.alba-edu.org/20200220onlineschool/)
※3　Khan Academy (https://ja.khanacademy.org/)
※4　TOSSランド (https://land.toss-online.com/)

まえがき

"現代社会の課題" と教室指導のポイント

"現代社会の課題" として次の8つを挙げた。

　子供たちは多種多様である。地域によっても様々な形態があるはずだ。これらが教室指導の一つのヒントになればと、前書きにかえて記す。

①血縁でない兄弟姉妹との家庭生活

　基本的に学校が立ち入るべきではない範疇ととらえる。教室での全体指導はしない。実際には色々なケースがある。親子関係、仲の良さを面談などで聞く。また、困ったことがないか面談することは可能かもしれない。

②外国籍の子と国籍の指導

　国際理解に目を向けるチャンスととらえる。転入生の場合は教室指導として、事前に外国から転入してくること、文化の違いがあることを伝える。校内では通訳・個別学習などの支援体制をつくる。子供たちが、住んでいる国のよさを発信し合ったり、国際社会の一員であることを考えるきっかけにする。

③児童虐待と教師の役割

　教師たちが虐待児を見逃さないことに尽きる。低学年のうちは、身体検査、体育着や水着に着替える際、見守りに十分注意をはらう。頭をなでると教師に触れられるのを避ける子、すぐに手がでる子、攻撃性がある子については用心深く見守る。教師はその子にとっての一番の話し相手になり、たくさん褒めて認めてあげる。虐待児を発見したらすぐに管理職に伝え、児童相談所に連絡する。

④災害への知識と備え

避難訓練の実施と同時に、災害への知識と備えが日頃から必要である。校内では、校内災害マニュアルを作成する。ハザードマップ作りを通して、台風や地震時の避難所について確認をする。と同時に、地域の地形について理解するため、社会科の授業と関連させる。道徳教育とも関連させる。新聞紙を活用し、掛ふとん代わりにしたり、スリッパ作りができるということを教えることも必要だ。また、防災食に興味をもたせ、家庭科では非常食作りの調理実習を試みることもできる。

⑤ネットリテラシーの能力育成

家庭との連携が必要である。保護者会でも LINE などのとり扱い方について積極的に話題にする。13歳以下の登録は法的に禁止されていること、流出した個人情報は、拡散されたら二度と消せないことなどを徹底的に伝えたい。PCルームで、チャットによるやりとりのシミュレーション練習もできる。外部講師派遣（SECOM など）も積極的にとり入れるとよい。

⑥AI と共存するこれからの生活

AI に任せられるものは任せる。その上で自分ができること、自分にしかできないことに気付かせ、社会との関わりを考えるきっかけにする。

⑦「自分の将来」を設計する能力の育成

様々な選択肢があってよい。将来の自分の仕事へのイメージをもたせたい。マインドマップ作りを通して、視覚化する方法もある。

⑧「地域社会との関わり」の指導

新学習指導要領の目玉の一つである。異年齢の人々との関わりは、学校だけでなく地域社会と関わることによっても育まれる。市区町村の寺子屋事業、生涯学習課の企画するイベントに積極的に参加する方法もある。「遠い親戚より近くの他人」である。これは防災教育にもつなげていける。

白石和子

目　次

4 衣生活

5 住生活

1 | 家庭科室のマネージメント

機能的な家庭科室のレイアウト

 POINT! 家庭科室を使いやすくするにはどうしたらいいだろうか。

機能的な家庭科室にするためにはどんな工夫をすればいいでしょう。

何より優先すべきは「見付けやすさ」「しまいやすさ」。
棚や引き出しに表示が付いていないなら、すぐに付けるべき。

それだけで授業準備時間と片付け時間が大幅に短縮される。低学年も家庭科室を使うことがあるので、できれば「写真付き」「ふりがな付き」だと、どの学年にも優しい。

写真付きの表示に変えてから4年経つが、いまだにどの学年もきちんと戻してくれている。

文字だけでは入れ間違いが多発していた「台ふき」「食器ふき」

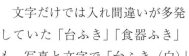

も、写真と文字で「台ふき（白）」「食器ふき（色付き）」と表示してから、間違いがほとんどなくなった。しまい間違えやすいものほど表示は大事。

①調理器具、②裁縫用具、③洗濯用具

の大きく3つに分けてまとめて収納しておけばよい。

また「規格を揃える」ことも大切。不揃いな食器・道具は全て捨てて同じ大きさのものに揃えると、出しやすくしまいやすい。年数が経つうちに不揃いなものが増えやすいので、夏休み・冬休みでの廃棄をおすすめする。

（紫前明子）

家庭科備品と管理の方法

 POINT! どんなことに気を付けて家庭科備品を管理すればよいだろうか。

使いやすい家庭科室にするために、どんな備品管理が必要でしょうか。

①調理器具
②食器
③調味料
④裁縫用具
⑤洗濯用具
⑥住まい方用具
⑦消耗品
⑧洗い物用品
　（洗剤・スポンジ）

　左の8分野の備品が揃っているかを確認する。

1．規格が揃っているか

→ミシンなどバラバラだと、とても不便。できれば同じ物に買い揃えると指導が楽になる。

2．足りないものはないか

→特に調理実習前に調味料や、ごみ袋・洗剤などの消耗品をチェックしておく。

3．安全性の確認

→こんろの火がきちんとつくかどうか、ゴムホースの劣化などをチェック。

＜学校にないなら買った方がいいオススメ備品＞

・**ガラス鍋**～米を炊くときに中の様子が観察できるので、透明な鍋がおすすめ。

・**タイマー**～調理実習などで調理の目安に各班分あると、とても便利。

・**照度計**～5年生「住まい」単元で使用。せめて班の分くらいは準備したい。

・**洗濯おけ**～流しでやると大変なので、班に1～2人分の小さいおけを準備。

・**ミシン**～学校のミシンが古いと、とにかく大変！　同じ規格で最新のものを班分買い揃えるだけで、裁縫単元がとっても楽になる。予算要望を！

＜チェックした方がいい備品＞

・**洗剤**～小学生は多めに使いがち。大容量サイズの業務用買い置きがおすすめ。

・**冷蔵庫の調味料・食品**～定期的にチェックして廃棄が必要。冷凍庫も見る。

・**ミシン糸**～白は多めに買い置き、下糸巻き済みボビンも用意すると便利。

家庭科室の備品　http://www.tos-land.net/teaching_plan/contents/27941

（紫前明子）

授業にとり入れたいこと① 5年・6年

 POINT!　ゲストティーチャーの活用法。

＜給食の栄養士さんの場合＞

　5年生の授業では、栄養素の働きを学習した後に栄養士さんをお招きして子供たちの疑問に答えてもらう。

> 給食の献立はどうやって考えるのですか。

> 1食分の予算はいくらですか。

　6年生の授業では、キャリア教育（職業としての栄養士）のゲスト講師から話を伺う。消費者教育、食料の流通の視点からも話を伺うことが可能だ。

> 給食の材料はどこから買うのですか。

> 栄養士になってよかったなと思うのはどんなことですか。一番うれしいのはどんなときですか。

＜保護者のみなさんの場合＞

　初めてミシンを使う5年生は、一斉指導の後でも個別に様々な質問が出る。

> 下糸のかけ方がわかりません。

> ミシンが動かなくなりました。

　一人一人に対応していると、進度のチェックや評価ができない。保護者のみなさんに今後の学習予定を示し、「ミシンを教えてください」と、依頼のプリントを出す。「○月○日○時間目　行けます。　○年○組保護者○○○○」という返信欄を作っておくとよい。子供の学習の様子も見られて、保護者に好評である。

（川津知佳子）

1 | 家庭科室のマネージメント

授業にとり入れたいこと② 5年・6年

 実習食材の調達法。

　ゆで野菜サラダを作る場合に必要となる材料と分量（1人分）は次のように
なる。調達方法は様々あるので、どれを選択するかはときと場合による。

> にんじん20ｇ、ブロッコリー50ｇ、キャベツ50ｇ　（調味料は省略）

＜給食業者の八百屋さんに頼む＞

　給食の野菜を届けてくれる八百屋さんがいる場合は、お
願いするとよい。クラス・グループごとに必要な種類、
数、使用する日時を FAX で知らせる。数を揃えて、学校ま
で届けてもらえる。何よりも新鮮な野菜を使えるのがあり
がたい。大きさや値段はお任せとなる。調味料を別に用意
する必要がある。

＜教師が全員の分をスーパーで購入する＞

　1人分×1グループの人数×グループ数＋予備を教師が調
達する。大きさ、グラム数を調節したり、値段の安い物を求
めたりすることが可能。調味料も一度に揃えられる。一軒の
スーパーで必要な数が揃わないと、別のスーパーに行かなけ
ればならないので、買い物に行く時間がかかるのが難点。

＜子供に材料を分担させて持ってこさせる＞

　実習グループが同じ子供たちに相談させて、「にんじんは A さんが持ってく
る」「キャベツは B さんが持ってくる」と決めさせる。後で集金する必要がな
い。しかし、いざ実習するときになって、材料がない（持ってくるはずだった
子供が欠席したなど）場合があり、教師が予備分を用意する必要がある。

＜子供に自分が作るものの材料を持ってこさせる＞

　ゆで野菜サラダで、自分の好きな食材を使い、自分の食べる分のみを作らせ
る場合は、不公平感がないかがチェックポイントである。

（川津知佳子）

家庭科の学習について① 5年

 POINT! 家庭科の授業開き。

　5年生で始まる家庭科の学習に子供たちは期待感をもち、4年生で裁縫セットを買って手縫いの学習に備え、学校での裁縫や料理を楽しみにしていたりする。

＜授業開き＞

　教科書の目次を参考にして家庭科の目標、学習内容、授業の進め方を確認する。

> 家庭科の目標は、自分でできることを増やしたり、家族や周囲の人々のために生活を工夫したりすることを2年間で学習する。5年生は基礎編、調理、裁縫など、できることを増やしていく。6年生は応用編。できるようになったことを工夫し、生活の中に生かす。学校で学習し、できるようになったことを生活の中で実践し、よりよく生きていけるようにする。

> 目次を見て気が付いたことを発表しましょう。

> 食べ物の学習をします。
> 針と糸で小物を作ったり、ミシンで縫ったりします。
> 整理・整頓やお金の使い方の学習もあります。
> 5年生は目次の数が6年生よりも多いです。
> 5年生と6年生の2年間で学習します。

＜安全指導＞

　家庭科では、針やはさみ、包丁や火など、他の教科に比べて危険な場合が多いため、用具の扱いに気を付けることを子供たちに教える。スタート時期の指導だからこそ、子供たちは意識して気を付けるようになる。

＜家庭科室探検＞

　家庭科室に行き、どこにどんな物があるか自由に探させる。実習のときには、教師が準備するのではなく、子供たちに棚から必要な物を持ってこさせる。

（川津知佳子）

1 | 家庭科室のマネージメント

家庭科の学習について② 5年

 POINT! 10年後20年後の「未来の私」

＜誕生からこれまでの自分を振り返る＞

　教科書を参考に、誕生してからこれまでで家族にお世話になったこと、自分ができるようになったことを振り返らせる。

> 生まれたときは小さな赤ちゃんで、大きく育つか心配したそうです。
> 熱が高くなったときは、夜中も看病してもらった。
> 仕事が終わったお父さんが保育園に迎えに来た。
> 入学式はおじいちゃんおばあちゃんも来てくれた。

＜これからの自分に思いをはせる＞

> 家庭科の学習をすると、調理をしたり、栄養のことを考えて食事を取ったりできるようになります。暑さや寒さを防ぐ快適な暮らし方ができるようになったり、手縫いやミシンで作品を作ることができるようになります。

> これからは自分でできることが増え、家族を支えられるようになります。中学生や高校生になり、さらに大人になってお父さんお母さんになる人もいますね。10年後、20年後、どんな自分になりたいですか。

> 家の仕事がもっとできるようになりたい。
> 一人で料理ができるようになりたい。
> 一人暮らしでも困らないようにしたい。
> ミシンが上手に使えるようになりたい。
> 洋服のデザイナーになりたい。

（川津知佳子）

2 | 家族・家庭生活

家族の生活① 5年

 POINT! 家族構成とそれぞれの役割。

考えよう

あなたにとって家族って何ですか。

（記入例）一緒に生活している人。

法律では家族を親族といい、6親等内の血縁を親族と定めています。
従妹は何親等でしょうか。

A　3親等

B　4親等　（答え　4親等）

＜家族を紹介大作戦　（サザエさん一家を例に）＞

自分から見た続柄	名前	カツオにとってどういう存在ですか？
父（1親等）	波平	こわいけど頼りになる。
母（1親等）	フネ	いつもいそがしそうだ。あまえられる。
姉（2親等）	サザエ	何事も相談にのってくれる。
義理の兄（2親等）	マスオ	話をよく聞いてくれる。
妹（2親等）	ワカメ	困ったときに手伝ってくれる。
甥（3親等）	タラ	たまにいうことを聞かないがかわいい。
自分	カツオ	わがままで自分勝手なやつ。

家族はどのように関わってくれますか。

父　　キャッチボールをしてくれる。

このことから気が付いたことは何ですか。

（記入例）家族と関わりはあるが、もっと関わりがほしい。

（山後珠貴）

2 | 家族・家庭生活

家族の生活② 5年

 POINT! 家庭生活をよりよくするためにできること発表会。

考えよう
あなたの家族との関わり度は何パーセントですか。色をぬりましょう。

```
0                         50                        100
```

やってみよう
関わり合いのある素敵な家族になるための作戦を立てよう！

＜作戦名（記入例）「今日のベスト3発表大作戦」＞

（作戦内容）※より具体的に

夕食の時に各自が今日あった出来事ベスト3を発表する。

それぞれ知らないことを共有し、お互いの情報交換としてもよい。

＜作戦決定⇒クラスで発表⇒行動⇒結果報告＞

（結果報告）

これまでより、お互いのことを知り合い理解できるようになった。

＜インフォメーション＞

　子供たち一人一人に「家族・家庭」のかたちがある。各家庭の環境や子供のプライバシーを尊重し、例えば家庭での実践が難しい場合には、実践の場を学校に設けるなど、子供の心の負担にならないような配慮が必要となる。

（山後珠貴）

家庭の仕事① 5年

 POINT! 誰がしている？　何ができる？

調べよう

家庭にはどんな仕事があり、だれがしていますか？
一週間家で調べてみましょう。（仕事をしている欄に○をつける）

	家庭生活の仕事	父	母	弟	自分
1	食事つくり				
2	食器ならべ				
3	食器洗い				
4	洗濯				
5	洗濯物干し				
6	掃除				
7	ごみ出し				
8	洗濯物とり込み				
9	洗濯物たたみ				
10	買い物				
11					

（調べてみての感想）
ほとんど母がやっている。何か手伝わないといけないと思った。

家族の一員として、自分がどれだけ家庭の仕事をしていたか判定します！

A	B	C
7日間できた。	2〜6日間できた。	0〜1日間できた。
	○	

（山後珠貴）

家庭の仕事②

 家庭の仕事を続けてやってみよう。

やってみよう

素敵な家族の一員となるための仕事実行大作戦を立てよう！

（記入例）

1　作戦名　「食器洗い大作戦」

　（作戦を考えた理由）

　疲れている母のためになると思ったから。

2　作戦内容

　食事が終わったらきれいに洗って食器棚へしまう。

＜大作戦実行結果表＞

月	4	4	4	4	4	4	4	集計
日	l0	ll	l2	l3	l4	l5	l6	
曜		月	火	水	木	金	土	日	
A 進んでよくできた	○	○			○	○		4
B まあまあできた			○				○	2
C わすれたなど				○				l

　（学習を振り返って）

　（保護者の方から）

（山後珠貴）

団らん

5年

POINT! 家族との団らんを工夫しよう。

考えよう 家族との過ごし方にはどんなものがありますか？

出かける。

食事をする。

スポーツをする。

遊ぶ。

家族や親しい人と和やかに過ごすことを団らんと言います。

工夫しよう 団らんを楽しくするためにどんな工夫ができますか？

右の図のように、様々な団らんのアイデアを出させる。家庭の事情は様々なので、実際に行っていなくても問題ないことを伝えて、安心して学習できるように配慮する。

団らんの工夫
・今日あったことを話す。
・お菓子を一緒に食べる。
・一緒に料理をして、作ったものを食べる。
・トランプをする。

やってみよう 団らんに生かせる実習をしてみよう。

家庭科の学習を生かしてできることとして、簡単な調理をして食べる団らんの実習を行う。

＜団らんのアイデア１：白玉団子作り＞

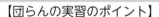

材料：約60個分

白玉粉200ｇ（１袋）、絹ごし豆腐300ｇ（１丁）

きなこやあんこ　適量

水加減が難しい白玉団子だが、絹ごし豆腐で作ると失敗しにくい。

　水ではなく豆腐を混ぜて作る点以外は、一般的な白玉団子と同じ作り方をする。

【団らんの実習のポイント】

試食の時間は、お茶とお茶菓子を準備すると和やかに時間が過ごせること、ほっとした時間を過ごせることを体感させるために、通常の実習より長めにする。

＜団らんのアイデア２：お茶菓子とお茶＞

　消費の学習と関連させてお茶菓子の選び方を考えさせる。

お茶菓子を選ぶポイントは何ですか？

　値段、量、お茶に合うか、味、包装の仕方、家族の好み、食べやすさ、期限など意見を出させ、選ぶときに気を付ける観点にはいろいろなものがあることに気付かせる。

　その上で、自分がどの観点を重視するか決めて、お茶菓子を準備させる。

　そして、各自準備したお茶菓子と実習で入れたお茶で模擬団らんを行う。

【消費の学習につなげるポイント】

期限には、次の二つがあることを確認する。

賞味期限＝おいしく食べられる期限

消費期限＝安全に食べられる期限

（平　眞由美）

生活時間のマネジメント 6年

 POINT! 自分の生活時間、家族との時間を調べよう。

調べよう 毎日、どんな時間の使い方をしているかな？
自分の生活時間をタイムラインに書きましょう。

| 5 6 7 8 9 10 11 12 1 2 3 4 5 6 7 8 9 10 11 12 |

「自分の生活の中で家族と過ごす時間はどれくらいあるでしょう。赤く塗りましょう。」と色を塗らせると、自分の生活の使い方が可視化できる。

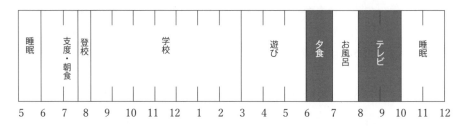

| 睡眠 | 支度・朝食 | 登校 | 学校 | | | | | | | 遊び | 夕食 | お風呂 | テレビ | 睡眠 |

5 6 7 8 9 10 11 12 1 2 3 4 5 6 7 8 9 10 11 12

考えよう 自分の生活で見直したいことはなんですか？

「朝、早起きをする。」「学校のことをおうちの人に話す。」「食事の手伝いをする。」など各自の課題を見付けさせる。

やってみよう 自分が変えると決めたことに、一週間とり組みます。
できたかどうか、毎日、記録しましょう。

「朝早く起きると、時間に余裕ができた。」「朝ご飯をしっかり食べて、すっきりと一日を過ごせた。」など、できたこともあれば、「朝起きられなかった。」のように新たに課題も出てくる。この課題を、朝の過ごし方の見直しにつなげる。

考えよう 朝の過ごし方で改善できることはないだろうか。

　朝の時間帯だけのタイムラインを準備し、詳しく書きこませる。

睡眠	起床・着替え	朝食	支度	登校

5　　　　　　　6　　　　　　7　　　　　　8

　こうして視覚化することで、課題がとらえやすくなる。例えば、8時25分始業の場合、7時半以降に起きている子は、起きたらすぐに学校に来ることになることが目で見てわかる。

　さらに、「朝、自分で起きている人?」「起こしてもらっている人?」「6時までに起きている人?　7時?　8時?」とアンケートをとると、朝の過ごし方も様々という多様性に気付くきっかけとなる。

　自分の朝の過ごし方を客観的に見直すことで、起きる時間の違いで朝のゆとりに大きく違いが出ることや、それを改善するために「早寝早起き朝ご飯」が大切であることを実感を伴って理解できるようになる。

「早寝早起き朝ご飯」のよさは何でしょう。

「健康になる。」「賢くなる。」「すっきり過ごせる。」
　などの意見から「早寝早起き朝ご飯」のよさを確認する。次のサイトも指導の参考になる。
「早寝早起き朝ごはん」全国協議会http://www.hayanehayaoki.jp/
文部科学省HP　http://www.mext.go.jp/a_menu/shougai/katei/08060902.htm

（平　眞由美）

地域とのつながり①

6年

POINT! 地域の課題を見付けて調べよう。

考えよう 自分が住んでいる地域で困っていることはありますか？

すぐに手を挙げて発表できる子を指名する。発言したことが、他の子供たちの考えるヒントになる。

> ごみ置き場にごみを出す曜日ではないのに、ごみ袋が置いてあった。
> ボールを使っては行けない公園でボール遊びをしている大人がいた。
> スーパーの前の自転車の置き方が、道を通る人のじゃまになっていた。

子供たちの発言をもとに、「ルールやマナー」「設備や施設」「防災・安全」「その他」などの大まかなジャンル分けをする。

調べよう 地域の課題を見付けてみよう。

①先に分けたジャンルの中から、自分の興味のあることを選び、一人一人にテーマを決めさせる。友達と同じテーマでもよい。

②一人一人のテーマが決まったら、学習の仕方を教える。

１．実際に地域に出向き、時間と場所を決めて、自分のテーマについて観察、調査すること。

２．調べたことはＢ４版用紙のレポートにまとめること。

３．レポートには数値（時間・回数・人数など）や、調べて思ったこと、これからの生活へのいかし方などが入るようにすること。

４．レポート完成後に全体で発表会をすること。

(川津知佳子)

地域とのつながり② 6年

POINT! 地域での課題観察実践発表会。

＜第1次発表会＞

　調べ学習をし、各自がレポートにまとめた後は、同じジャンルごと、数人のグループごとに集まって発表会を行う。

＜第2次発表会＞

　レポートがよくまとまっている優秀作品は全体の前で発表させる。

　テーマと設定理由については、次のようなものが考えられる。

①アイドリングをしていない車の台数：エンジンをつけたまま駐車すると環境に悪いと聞いて、どのくらいの人がエンジンをつけたまま路上駐車をしているか気になったから。

②スーパーにエコバッグを持ってきている人の数：地球温暖化に地域の人がどれだけ貢献できているか気になったから。

③落ちているごみの数：道路や公共の場、公園などに最近ごみが落ちていて、不快だったので。

　授業では、③のごみに関連して、「公園などにごみ箱があれば、自分で落ちているごみを拾って捨てるとよい。」との発言があった。これに対して、「公園にはごみ箱のないところも多く、困ったことがある。」と経験を発表した子もいる。

　公園にごみ箱がない理由については、「ごみをごみ箱に入れずに、自分で持って帰ってほしいと管理者が考えているから。」「ごみ箱を設置したり、ごみを集めたりするための人の費用がかかるから。」「テロなどの危険に備えるため。」などの意見が出された。

（川津知佳子）

3 | 食生活

ゆでる①
ガスこんろの使い方を知ろう　5年

 ガスこんろの使い方を身に付けよう。

家でどんな調理をしたことがあるかな？　5年生では、こんなことをできるようにするよ。
お湯を沸かす、野菜を切る、卵や野菜をゆでる、お米を研ぐ、ご飯を鍋で炊く、みそ汁を作る
まずは、ガスこんろでお湯を沸かせるようになりましょう。電気ポットなどでお湯を沸かす方法もあるけれど、より安全に気を付けて調理できるようになるために、ガスこんろの使い方を覚えます。

【ガスこんろの使い方】
①ガスせんを開く。
②点火つまみを押しながら「開」まで回す。点火を確認。
③火加減を調節する。（強火、中火、弱火）
④点火つまみを「止」にもどす。消火を確認。
⑤ガスせんを閉める。

　追い読み、交代読み、一人読みなどで繰り返し読ませ、暗記させる。
　この後、教科書を見ながらお湯の沸かし方、身支度の調え方（爪を切る、髪が長い人は結ぶことも指導する）、次時の調理実習の持ち物を確認する。

身に付けよう　一人でできるようにしよう！　〜ガスこんろテスト〜

　次時のお湯が沸くまでの待ち時間に、一人ずつ教師の前で【ガスこんろの使い方】①〜⑤までを行う。できない子には教えながらやり、できるようにする。

（柏木麻理子）

ゆでる②
お湯を沸かしてお茶をいれよう 5年

 安全な調理・片付けの仕方を身に付けよう。

　最初の調理実習なので、身支度・片付けの仕方をしっかり身に付けさせる。

　身支度・手洗いが済んだ子は前に集まる。全員揃ったら、身支度の確認と実習の流れを実際にやって見せながら説明する。

> やかんに水をくむ。やかんの底や周りについた水を拭き取ってガスこんろにのせ、【ガスこんろの使い方】の手順で点火。
>
> 　※火加減はやかんの底から炎が出ないくらい。
>
> 　※やかんの口は、危なくないように奥に向ける。
>
> 　※火を扱っているときは、そばを離れない。

　班ごとに実習開始。お湯が沸くのを待つ間に、カップを用意させる。

　カフェオレやココアなどのスティック・紅茶のティーバックなどを各自家から持って来させ、カップに入れておく。お湯が沸いたら、やけどに気を付けて、自分の分は自分でお湯を入れる。

　飲み終わった班から片付け、片付け終わったら教師のチェックを受ける。

> **【片付けのポイント】**
> ・食器を洗う際、洗剤の使いすぎに注意。
> ・ガスこんろの周りも拭いて、汚れがないようにする。
> ・流しもできるだけ水分を拭きとり、きれいにする。
> ・ごみは分別し、水をよく切って捨てる。
> ・ガスの元せんが閉まっているか確認する。

※急須で日本茶を入れてもよいが、「家族との団らん」で扱うこともできるため、この実習ではお湯を入れるだけでできる簡単な飲み物がおすすめ。

（柏木麻理子）

ゆでる③
ゆでる前とゆでた後では何が変わる？ 5年

 ほうれんそうを食べ比べて、ゆでる前後の違いを調べよう。

食品を沸騰したお湯に入れたり、水に入れて沸騰させたりして、煮ることを「ゆでる」と言います。「ゆでる」と食品はどう変化するのでしょう。

考えよう　ゆでる前とゆでた後では何が変わる？

A　生のほうれんそう　　　　B　ゆでたほうれんそう

各班にAとBのほうれんそうを用意する。
見たり触ったり食べたりして、違いを調べる。

	A　生のほうれんそう	B　ゆでたほうれんそう
かさ		
色		
硬さ		
味		
その他		

ゆでると、ほうれんそうなどの青菜は加熱によってかさ（量）が減り、量を多く食べられるようになること、野菜は生で食べるよりも柔らかくなることがおさえられればよい。

考えよう 水からゆでる？　お湯からゆでる？

　食品によって「水からゆでる」ものと「お湯からゆでる」ものがある。
　また何を調理するかにもよるが、食品を丸ごとゆでた方がよい場合と、切って小さくしてからゆでてもよい場合がある。
　ほうれんそうなどの青菜は「お湯からゆでる」ことを調理実習で学んだ後、じゃがいもなどの根菜類は、どちらの方法でゆでたらよいかを考えさせる。

青菜はお湯からゆでたけれど、じゃがいもはどうでしょうか？

青菜と同じで、お湯からの方が早くゆでられると思うな。

青菜は柔らかいけれど、じゃがいもは固いから、水からゆでるのではないかな。

　沸騰してからのゆで時間を同じにして、水からゆでたじゃがいもとお湯からゆでたじゃがいもを用意し、実際に切ってみると面白い。
　お湯からゆでたものは、周りは火が通り過ぎて崩れてくる反面、中心付近は火が通りにくいため生っぽいままになる。
　基本的には、地下にできる野菜を中心に固いものは水からゆでて、葉やつぼみなどの緑色の野菜はお湯からゆでることを、教科書を見ながらおさえる。

（柏木麻理子）

ゆでる④
調理 (1) 青菜をゆでよう

5年

POINT! 青菜をおいしくゆでよう。

身支度・手洗いを済ませた子から、必要な調理用具の準備をする。

準備ができたら前に集まる。全員が揃ったら身支度・調理用具を確認し、実習の流れを実際にやって見せながら説明する。

> ふたをすると早くお湯を沸かせるよ。

【青菜のゆで方】

鍋に水を入れてふたをし、お湯を沸かす。

お湯を沸かしている間に青菜を洗う。

沸騰したら、青菜を根から入れる。

再度沸騰したら、火を止めて水にとる。

水気をしぼる。

包丁で食べやすい長さ（4～5cm）に切る。

お皿に盛り付けて完成。

【包丁の安全な使い方】

○包丁の柄をしっかりにぎる。

○材料をおさえる手は、指先を丸める。

○手に持ったまま歩き回らない。

○人に渡すときは、一度台の上に置く。

○不安定な場所には置かない。

【まな板のとり扱い方】

○最初に水でぬらして、布巾でふいてから使う。

班ごとに実習するが、全員が1人で青菜をゆでられるようにするために、1人ずつゆでさせる。

ガスこんろ2つに鍋をそれぞれ用意し、2人同時にゆでる。終わったらお湯は替えずに、次の子がゆでる。

　例えば5人班なら、Aさん・Bさん・Cさんグループと、Dさん・Eさんグループに分かれて、順番にゆでていく。

　自分がゆでていないときは、友達がゆでるのを手伝ったり（調理用具を渡す、やり方を口で教える）、その後の調理（水気をしぼって切る、お皿に盛り付ける）を行ったり、片付けを進めたりさせる。

　全員ができあがったら試食し、片付ける。

【包丁の片付け方】	○置いて、片面ずつ洗う。 ○洗ったら、よくふいて水気をとる。 ○手を切らないように注意する。
【まな板の片付け方】	○よく洗って干しておく。

教師の片付けチェックを受けて、合格になった班から終了する。

やってみよう 味付けのバリエーションを増やそう。

　ゆでた青菜を、しょう油とかつお節をかけておひたしにする他、ごまあえや酢みそあえなど、教科書に載っている他の味付けでも作ってみるようにする。

　学校でやるのが時間的に難しければ、家庭での実践を促す方法もある。

　味付けのバリエーションを増やしておくことで、6年生の献立作りの際に同じ食材を使っても、調理法と味付けの組み合わせで、さまざまな献立を考えることができるようになる。

家庭科豆知識 ほうれんそうや小松菜などの青菜は、あくを除くために、ゆでたあとに水につけて急冷する。これを「水にとる」という。一方、キャベツやブロッコリーなどはあくが少ないので、ゆでたあとに水にはとらず、ざるにあげて冷ますだけでよい。

（柏木麻理子）

ゆでる⑤
調理 (2) いもをゆでよう

5年

👍 **POINT!** じゃがいもをおいしくゆでよう。

いもをゆでる調理実習では、野菜も一緒にゆでる場合が多い。

班の中で、主にいもをゆでるメンバーと主に野菜をゆでるメンバーで分けると、効率がよい。

ただし、いもと青菜のゆで方に違いがあるので、事前に一人一人テストしておくとよい。そうすることで、調理の際の失敗も防ぐことができる。

【粉ふきいもの作り方】

①じゃがいもを洗う。

②じゃがいもの皮をむく。

③芽をとる。

④切ったじゃがいもを、水につけておく。

⑤じゃがいもの大きさを揃えて切る。

⑥切ったじゃがいもを鍋に入れ、じゃがいもがかぶるくらいの水を入れる。

⑦鍋を火にかけて、始めは強火でゆで、沸騰したら、火を弱めて8〜12分ゆでる。

⑧ゆでたじゃがいもをざるに移す。

⑨じゃがいもを鍋に戻し、塩こしょうで味付ける。

⑩フタをし、弱火にして鍋をゆする。

⑪皿に盛り付けをして出来上がり。(ゆでたブロッコリー等があるとよい)

じゃがいもの保存方法

○じゃがいもは日光が苦手。

○日光が当たった部分は緑色になったり芽が出る。

○緑色の部分や芽には体に悪い成分がある。

○箱や紙の袋に入れて、暗い場所で保存をする。

(小林正快)

ゆでる⑥
水から野菜をゆでてみよう

 5年

 水からゆでる野菜とお湯からゆでる野菜の違いを知ろう。

ゆで方クイズを行う。

野菜を提示し、水からゆでるのか、お湯でゆでるのか、どちらかに手を挙げさせる。

> ゆで方クイズをします。水からゆでるのか、お湯でゆでるのか、手を挙げます。小松菜は水からゆでますか。お湯でゆでますか。
> 水。(挙手)。お湯。(挙手)。正解はお湯です。

黒板に水からゆでるものとお湯でゆでるものを書いていく。

水からゆでるもの	お湯でゆでるもの
じゃがいも　人参　大根　かぶ レンコン　ごぼう　さつまいも	小松菜　ほうれん草　キャベツ 枝豆　アスパラガス　ブロッコリー

土の中に入っている根菜やいも類の野菜は水からゆで、土から出ている葉物、豆類等はお湯からゆでることを伝える。

【ポテトサラダを作ろう】

①じゃがいもと人参を洗って、皮をむき、じゃがいもの芽をとる。

②じゃがいもと人参を切ってからゆでる。

③じゃがいもを熱いうちにマッシュする。

④玉ねぎをスライスして、お湯で2～3分ゆでる。

⑤キュウリは輪切りにして、ハムは千切りにする。

⑥じゃがいものマッシュの粗熱がとれたら、マヨネーズを入れてあえる。

⑦塩こしょうを加えて完成。

(小林正快)

ゆでる⑦
調理 (3) ゆで野菜サラダを作ろう 5年

 POINT! ゆで野菜サラダを作ろう。

　ゆで野菜サラダのポイントは、選ぶ野菜によってゆで方が変わることである。

　ゆでる②の「水から野菜をゆでよう」を参照するとわかるように、「葉物、豆類の土から出ているもの」は**お湯で**ゆで、「土の中にある根菜、いも類」は**水から**ゆでる。

　前回の学習でやっている場合には、復習として行うとよい。

　ここでのポイントは、野菜の洗い方、野菜の切り方である。

【野菜の洗い方】

＜葉やくきを食べる野菜＞

　ためた水の中でふり洗いし、その後、流水で洗う。

＜細かい野菜＞

　ざるを使って水洗いし、よく水を切る。

＜根を食べる野菜＞

　どろ汚れをこすり落す。たわし等を使ってもよい。

　葉の付け根のどろ汚れは、ためた水の中で洗い落とす。

【野菜の切り方】

輪切り	半月切り	いちょう切り	たんざく切り

　他にもうす切り、ななめ切り、乱切り、千切り、さいの目切りなどがある。

洗い方や切り方の学習の次は、どんなゆで野菜サラダを作るか話し合う。

ゆで野菜サラダを作ります。何の野菜を入れるのか班で相談します。
条件は、2つあります。
①3種類使います。②ゆで方が違う野菜を選びます。

3種類選ぶことで主体的に参加しようとする子供が増える。

また、ゆで方が違う野菜を選ぶことを条件に入れることで、水でゆでるのか、お湯でゆでるのかを確認しながら話し合うことができる。

それぞれの班のオリジナルのゆで野菜サラダを作ってもよいが、材料を教師が買ってくる場合であるならば、話し合わせたものを黒板に書かせ、どれがよいのか意見を言い合ってもよい。

【**ゆで野菜サラダを作ろう**】（キャベツ、人参、ブロッコリー）
①それぞれの野菜を洗う。
②キャベツはちぎって沸騰したお湯に入れる。
③ブロッコリーを食べやすい大きさに切る。
④人参を短冊切りにする。
⑤キャベツを湯から出し、冷ました後にしんを取って太めの千切りにする。
⑥ブロッコリーを沸騰したお湯に入れ、2〜3分間ゆでる。
⑦人参を水から入れ、沸騰して3〜5分ゆでる。
⑧彩りを考えて盛り付けをする。

ドレッシングやソースを自分たちで作り、ゆで野菜サラダにかけると、野菜の苦手な子供も美味しいと言って完食することもある。

野菜が苦手な子供には、事前にドレッシングを持ってこさせてもよい。

班ごとに違うゆで野菜サラダを作るときには、各班で誰がどの野菜を持ってくるかを決めることが大切である。教師もいくつか持ってきて、忘れてきた子供に渡すとよい。

（小林正快）

日本の伝統食であるご飯とみそ汁① 5年

 POINT! 五大栄養素について知ろう。

やってみよう 給食に使われている食品を、食品の分類表を見て
グループ分けしよう。

給食のこん立 （　　　　　　　　　　　　　　　　　　）

食品名	主にエネルギーの もとになる食品		主に体をつくる もとになる食品		主に体の調子 を整えるもと になる食品
	炭水化物	脂質	たんぱく質	無機質	ビタミン

思い出そう

種子の養分のでんぷん はエネルギーのもと

インゲン豆の種子の切り口
にヨウ素液を付けると
色が変わった！

米にふくまれるのは？

（飯田尚子）

日本の伝統食であるご飯とみそ汁② 5年

 POINT! ご飯とみそ汁について知ろう。

【和食の基本を知ろう】

和食の基本「一汁三菜」について知っておきましょう。

一汁三菜

副菜
副菜
主菜
ご飯
副菜
汁物

農林水産省
小学生向け
和食bookより

調べよう① 和食の基本となるだしのちがいを味わおう。

【煮干】
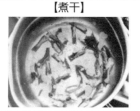
気付いたこと

【かつお節】
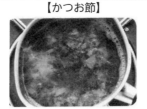
気付いたこと

【こんぶ】
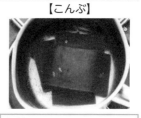
気付いたこと

調べよう② かつお節とこんぶのだしを合わせて飲みくらべてみよう。

気付いたこと・感じたこと

（飯田尚子）

日本の伝統食であるご飯とみそ汁③ 調理(1) **5年**

 POINT! ご飯を炊いてみよう。

調べよう 米飯の調理について調べてきたことを発表しよう。

前時までに「米の洗い方」「吸水時間」「ご飯の炊き方」などについて調べてくるように伝えておく。

【おいしいご飯の炊き方を調べよう】
①米の洗い方は？
②水加減は？
③吸水時間は？
④加熱時間は？
⑤火加減は？

考えよう 吸水時間と水の給水量について考えよう。

60分後

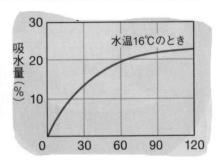

2枚の資料を見て、わかったこと・気付いたこと・思ったことを発表する。

まとめよう おいしいご飯の炊き方のポイントをまとめよう。

おいしいご飯の炊き方の「ポイント」を、グループごとに自分たちの言葉でまとめて板書し、発表させる。

(飯田尚子)

日本の伝統食であるご飯とみそ汁④ 5年

 POINT! ご飯を炊いて食べよう。

やってみよう 学習したことを生かして、おいしいご飯の炊き方の手順を確かめよう。

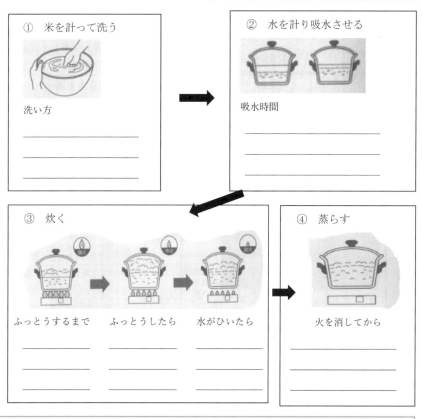

① 米を計って洗う

洗い方

_____
_____

② 水を計り吸水させる

吸水時間

_____
_____

③ 炊く

ふっとうするまで　　ふっとうしたら　　水がひいたら

_____
_____

④ 蒸らす

火を消してから

_____
_____

米がご飯になる様子を見て気付いたこと

（飯田尚子）

3 食生活

日本の伝統食であるご飯とみそ汁⑤ 5年

 POINT! 水の分量や加熱時間を考えながら、米の炊ける様子を観察しよう。

やってみよう お米が変化する様子をしっかり観察しよう！

準備 授業前の休み時間に米を洗い、授業までに30〜60分吸水させておく。
（夏は30分、冬は1時間）①鍋、②スプーン、③皿を用意する。

> 1. 透明のガラス鍋だと炊ける様子が観察しやすい。ない場合は、ふただけでもガラス製のものにすると、中の様子が見えてよい。
> 2. こんろや鍋によっても炊き上がり時間は変わってくる。
>   教科書の時間はあくまでも目安で、鍋の中の様子を見ながら火加減を調節する。事前に教師が一度調理しておくと目安時間がわかる。

観察① 吸水させた米と洗う前の米を比較する。（透明→白くなる）

観察② 点火し、沸騰するまで強火。

「ぶくぶく音がする」「ふたから泡が出てくる」ことで沸騰がわかる。

観察③ 沸騰したら、沸騰が続く程度に中火に弱める。

観察④ 水がひいて、ふたが動かなくなったら弱火。

「ご飯の表面から水や泡がぶくぶく出ている」場合は、弱火のまま水がなくなるまで1〜2分ずつ火にかける。水分がなくなれば10分蒸らして炊き上がり。

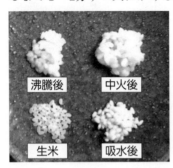

沸騰後　中火後
生米　吸水後

途中でさっとふたを開けてスプーンで米を皿にとり、見た目や味、形や大きさ、硬さを観察して記録する。

> 透明だったお米が白くなって、だんだんふくらんで大きくなっていったよ。硬さも芯が残っていたのが、どんどん柔らかくなった。

（紫前明子）

日本の伝統食であるご飯とみそ汁⑥　調理 (2)　5年

POINT! 季節や地域の特産物を生かしたみそ汁の具を考えよう。

> みそ汁の具の組み合わせを考えましょう！

　みそ汁の具材の人気ベスト10は「豆腐」「わかめ」「油あげ」「長ネギ」「大根」「なめこ」「しじみ」「じゃがいも」「卵」「えのき」である。(2013年　みそ健康づくり委員会調べ)

　季節に採れる地元野菜や地域の特産物を組み合わせれば、地産地消のご当地みそ汁となる。具の組み合わせを考えさせたい。

春	キャベツ・新玉ねぎ・新じゃが・アスパラ・菜の花・たけのこ
夏	レタス・トマト・オクラ・なす・ズッキーニ・モロヘイヤ
秋	かぼちゃ・さつまいも・きのこ・じゃがいも・長いも
冬	大根・にんじん・白菜・かぶ・ほうれんそう・水菜・春菊

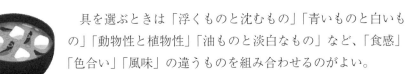

　具を選ぶときは「浮くものと沈むもの」「青いものと白いもの」「動物性と植物性」「油ものと淡白なもの」など、「食感」「色合い」「風味」の違うものを組み合わせるのがよい。

　五大栄養素に具を分類しながら考えると、栄養バランスも整えられる。具の切り方と入れる順番も事前にしっかり計画しておく。切り方によっても食感が変わるので、代表的な切り方を事前にいくつか復習しておくとよい。人参、大根、ごぼうなど「土から下にできる」根菜類は火が通るのに時間がかかるので、最初に鍋に入れて火をつける。葉物など「土から上にできるもの」は火が通りやすいので、煮立ってから入れる。また、豆腐などの煮崩れしやすいもの、長ねぎなどの香りのあるものは火を消す少し前に入れる。

　365杯の味噌汁　https://www.fundokin.co.jp/recipe/misoshiru365/
　365日味噌汁レシピ　http://www.365miso.com/about/hazimete.html

（紫前明子）

日本の伝統食であるご飯とみそ汁⑦
和食の基本—出汁の役割を知ろう　5年

POINT!　「出汁（だし）」ってなに？

「出汁（だし）」って何かな？

みそ汁に入れているよ。

煮物にも使っているよ。

そばつゆにも使うよ。

　子供たちは普段、耳にしている「出汁」という言葉の正体を知らないが「おいしくなる」ことを知っている子は多い。「出汁」が使われている様々な料理の画像を見せると、想像以上に多いことに気付く。「出汁」が料理をおいしくする「鍵」となることに気付かせる。

比べてみよう　「出汁なしみそ汁」と「出汁入りみそ汁」を飲み比べよう。

出汁なしみそ汁と出汁入りみそ汁の飲み比べには、かつお節だしがよい。

出汁なしみそ汁	出汁入りみそ汁
香り　　なし 色　　　みその色 塩味　　強い みその味	香り　　芳醇な香り 色　　　黄金の色 塩味　　あまり感じない やわらかいみその味

おいしい!!

　汁ものの「うまみのもと」を「出汁」という。汁ものの美味しさは、4つの味を「うまみ」が引き立てることによって決まる。また、うまみの効果による「香り」も、おいしさの重要な要素である。

（鈴木恭子）

日本の伝統食であるご飯とみそ汁⑧
「うまみ」は料理の基本

5年

 POINT! コラム　世界共通語「UMAMI」うまみ。

味らいで感じる5つの基本味	
甘味	あまい味
酸味	すっぱい味
塩味	塩からい味
苦味	苦い味
うま味	

味の素HPより

味は5種類。「甘味」「塩味」「苦味」「酸味」そして、第5の味として「旨味（うまみ）」＝出汁の味。日本の池田菊苗氏が湯豆腐の昆布からグルタミン酸ナトリウムを発見した。今では「UMAMI」として世界共通の言葉になっている。

調べてみよう　出汁の材料にはどんなものがあるかな？

出汁について知りたいことを調べ学習する。
①どんな出汁があるか。
②出汁のとり方は？
③産地はどこか。
④それぞれの出汁の特徴は？

「かつお節」・「昆布」・「煮干し」の他に、「干ししいたけ」からも出汁がとれる。

（鈴木恭子）

日本の伝統食であるご飯とみそ汁⑨
日本の伝統食「おせち料理」を調べよう 6年

POINT! おせち料理をPCで調べ、食べたり作ったりした感想と共にレポートにしよう。

　6年生12月に発展学習として「おせち料理」をとり上げる。「PCでの調べ学習」と「実体験（作る、食べる）」を組み合わせる。

1．PCを使って調べ学習をする

　PCを使い、個人で「おせち料理」について調べる。おせち料理の由来、使われる食材、食材それぞれの意味、重箱への詰め方などがヒットする。12月だと、おせち料理の作り方、メーカーごとの値段、関東と関西の違いなど、さらに詳しくわかる。それぞれの記事の必要な部分をプリントアウトしておく。料理の写真やイラストもプリントアウトし、個人で保管させる。

2．レポートにまとめる

　全員が必要な資料を用意できたら、レポートにまとめる作業に移る。（B4版横書きの用紙を用意）

　家庭科の授業で、何度かレポートにまとめる学習をしておくと、この時期には自由度の高いフォーマットが可能だ。子供たちが調べた内容は重なっているものが多い。レイアウトの仕方をまかせると、子供たちはさまざまに工夫する。

　書き始める前に昨年度の優秀作品（タイプの違うものがよい）を黒板に掲示し、それらを参考にさせる。

<児童の作品例>

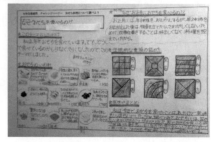

【注意点】

①びっしり書く。

②手書きの文字が大きくなりすぎないように
　する。

③見出し文字の大きさは②の文字より大きく
　なってよい。

④写真やイラストの配置を工夫する。

⑤文字と写真、イラストのバランスを考える。

3.「おせち料理」についての感想を書く

<調べていく過程で>

昔の人の願いが込められている。

日本人は洒落や語呂合わせが好きだった。

日本の伝統を自分も受け継ぎたい。

<冬休み明けに>

弟と一緒に食べて、由来を教えた。

調べたことで興味がわき、昨年より多く食べた。

今回は栗きんとんを作ったが、来年は他のものも作ってみたい。

<おせち以外の面白ネタ>

「PC での調べ学習」＋「実体験（作る、食べる)」→レポートにまとめる

①お雑煮　・お餅の形～丸もち、切り餅　・具材～野菜、肉、海産物

　　　　　・味付け～みそ、お醤油

②みそ汁　・みその材料～米、麦、大豆　・味～甘口、辛口

　　　　　・色～白、赤　・みそ汁の実　・みそを使った料理

（川津知佳子）

3 食生活

いためる①
「いためる」とは―調理法

 いためてみよう！

> 自分が知っている調理方法を発表しましょう。

自分が知っている調理方法を列挙させる。
①いためる、②ゆでる、③蒸す、④焼く、⑤煮る、など。

> 卵や野菜をゆでたり、いためたりすると、どのように変化するでしょうか。

イラストを提示し、どう変化するのか考えさせる。下記のような写真を提示して、黒板に気が付いたことを書かせてもよい。

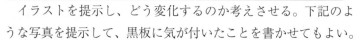

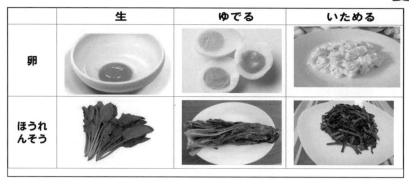

	生	ゆでる	いためる
卵			
ほうれんそう			

＜卵＞

ゆでると色が変わる、固まるなど（5年で学習したことを想起させる）。
いためると、形が変わる。味が変わる。

＜ほうれんそう＞

ゆでると、かさが減る（5年で学習したことを想起させる）。
いためても、かさが減る。
最後に、いため方による違い（強火、弱火）についておさえる。

（工藤俊輔）

3 食生活

いためる②
フライパンの使い方

 6年

 フライパンの安全な使い方を知ろう。

家庭科室にあるフライパンをグループに1つ渡す。

> フライパンについて、わかったこと、気が付いたことを言いましょう。

特殊加工のフライパンがあれば比較する。

・いためる部分が違う。

・いためたときに焦げ目が付かない。

・重さを比べると軽いなど。

　フライパンで料理をしている写真や動画を見せることで、

　イメージを持たせられる。

> フライパンの使い方について覚えます。

教科書に書かれている手順を読み、暗唱させる。

①こんろに火をつける

②油を入れる

③油を広げる

④材料を入れる

⑤いためる

写真を提示することで、覚えることが苦手な子も手順を覚える。

一人一人言わせて、テストをする。同様に片付け方も暗唱させる。

①油をふきとる。②スポンジで洗う。③ふきんでふく。

家にあるフライパンを見る、使ってみるなど、呼びかける。

（工藤俊輔）

3 | 食生活

いためる③
栄養を考えて、調理計画を立てよう 6年

 POINT! 調理計画を立てよう！

> 班で協力して、調理計画を立てましょう。

必要なものをプリントに書かせる。

①エプロン、②マスク、③三角巾、④台ふき、⑤ハンカチ

食材は学校（栄養教諭）で一括購入をするとよい。

忘れて困ることもなく、前日までに届けてくれる。

教科書に書かれている、いためる調理の例を読ませる。

（例）スクランブルエッグ	（例）三色野菜炒め
①味を付ける	①洗う
②いためる	②切る
③盛り付け	③いためる
④盛り付け	

右のプリントを渡す。

教科書を見て、グループごとに計画を立てる。

全員が終わったら、教師に見せる。

全員が同じように書くことができたら合格とする。

時間が余れば以下のことをする。

千切り、うす切りなど、定規を包丁に見立てて、練習をする。

一人一人教卓で行うなど、テストをすることもある。

実習計画表 （　）班　名前（　　　　　）

調理名	
めあて	
材料	分量

準備するもの

調理の流れ

学習振り返り

（工藤俊輔）

48

いためる④
調理 (1) 卵や野菜をいためよう

 ミシュラン検定！　先生に美味しいと言わせよう。

> できた料理を先生が☆いくつで評価します。手順通り作りましょう。

　ミシュラン検定と称し、できた料理を教師が食べる。

　評価項目は以下の通り（それぞれ☆１つとする）。

　①盛り付け、②味、③野菜の切り方

　最高で☆３つ。評価項目を事前に伝えることで、子供は意識するようになる。また、調理実習では、黒板に手順を貼っておくといい。私の場合は、事前に調理をする。写真にとり、校内フォルダに保存することで、次年度以降活用することができる。時間が無い場合は、教科書の写真を掲示することもよい。

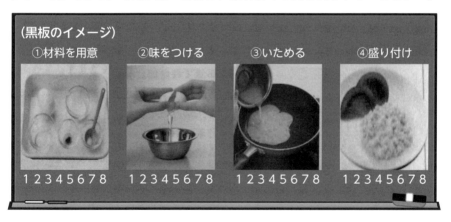

（黒板のイメージ）

①材料を用意　　②味をつける　　③いためる　　④盛り付け

1 2 3 4 5 6 7 8　1 2 3 4 5 6 7 8　1 2 3 4 5 6 7 8　1 2 3 4 5 6 7 8

　手順の下にグループ番号を書く。終わったら、自分のグループ番号に○をする。こうすることで、教師はグループの進み具合を知ることができる。進んでいない班のところに行き、助言をすることができる。

「いただきます」の時間を決めて、時間内で作ることも実習では大切である。黒板に片付けの手順を示す。食べ終わったら片付けるようにする。

（工藤俊輔）

3 | 食生活

いためる⑤
いためて気付いたことは何だろう 6年

 POINT! 実習を振り返り、家庭で作ってみたい朝食のおかずを考えよう。

> いためて気付いたことは何ですか。

考えたことをプリントに書く。

書けた子から黒板に書く。発表させる。

①火加減によって色が違った。
②食べやすい大きさに切ることで、火が通る。
③やわらかいがしゃきっとした固さがあった。
④野菜と塩こしょうの加減がよい。

　上記のように出されたら、色、大きさ、固さ、味とグルーピングすることで、いためることで気が付いたことが明確になる。

> 調理実習でわかったこと、気が付いたこと、思ったことは何ですか。

　調理実習全体を通して、感想を言い合う。

> 家でも作ってみたいと思いました。

　このような発言をとり上げる。

「家で作るとしたら、どのようなことを意識して作りますか。」と問う。

　学校によっては、夏休みの課題で出すことがある。

　その場合に意識することは、

（1）盛り付け

（2）味付け

（3）手軽に作れること

である。朝は忙しい。その中で手軽に作れるものを考えることが大切である。

（工藤俊輔）

3 | 食生活

いためる⑥
調理 (2) じゃがいもをいためよう 6年

 身近な食品を使った調理にチャレンジしよう。

> じゃがいもを使った料理にチャレンジしましょう。

ミシュラン検定（P.49参照）を告げる。

調理手順を黒板に示す。（ページ下写真参照）

（例）ジャーマンポテト

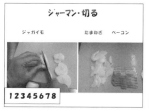

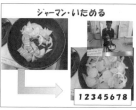

①上記写真を掲示する。

②一つの行程が終わったら、班番号に〇を付ける。

③完成したら、先生の所に持ってくる。（ミシュラン検定）

④いただきます。（記念写真をとる）

⑤片付ける。

　また、子供の様子を写真におさめることで、次年度に手順として使用できる。「先輩たちから学び、後輩に残そう」をテーマに調理実習をすることもある。

（工藤俊輔）

1食分の食事①

6年

 POINT! バランスのよい献立を考えよう。

考えよう 1食分の食事を作るときに大切なことは何だろう。

栄養バランス 〉 家族の好み 〉 色合い 〉 量

調べよう 五大栄養素に分類して給食の栄養バランスを確かめよう。

献立名	食品名	五大栄養素
ごはん	米	
みそ汁	キャベツ	
	油揚げ	
	みそ	
	煮干し	
きのこソースハンバーグ	ひき肉	
	玉ねぎ	
	パン粉	
	塩	
	しめじ	
	えのき	
	片栗粉	
	しょうゆ	
	みりん	
大根サラダ	大根	
	人参	
	きゅうり	
	竹輪	
	酢	
	砂糖	
	塩	
	油	

　1食分の食事の例として、給食の献立と使われている食品を書いた表を準備して五大栄養素に分類させる。

　左の表のように、五大栄養素を書かせるようにすると、時間はかかるが、五大栄養素を定着させる手立てとなる。また、授業当日の献立を例にすると、より身近に感じることができる。

　各自、五大栄養素に分類できたら、答え合わせを行って、おもなはたらきについて再確認する。

考えよう 給食の献立の工夫は何だろう。

「いろんな食品を使っている。」「五大栄養素が全部入っている。」

「給食は、栄養バランスを考えて作られている。」

　子供たちから意見を聞いた後に、次のポイントを伝える。

【献立作りで気を付ける５つのポイント「お・い・し・そ・う」】

- お　おおくの食品でバランスをとる
- い　いろどりよく
- し　しゅんの食材をとり入れる
- そ　それぞれちがった調理法
- う　うれしい献立（好み・健康を考える）

今日の学習で生かしていきたいことを書きましょう。

「献立を考えるときは栄養に気を付けて食材を選びたい。」

「家族の好みに合わせて、献立を決めたい。」

　など、１食分の食事作りに向けて、一人一人のめあてを持たせる。

　次回は、１食分の献立を考えるので、家族の好みなどもインタビューしておくことを宿題とする。

【栄養教諭との連携のポイント】

栄養教諭の先生に来ていただくと、専門的な話が聞ける。

その際、話してほしい内容だけではなく、授業の流れと役割分担、時間配分を明確に伝える。授業の中での位置付けがわかってこそ、栄養教諭もポイントをおさえた話が可能となる。

（平　眞由美）

3 | 食生活

1食分の食事② 6年

 五大栄養素をもとに献立を見なおそう。

調べよう 1食分の献立を考えて、栄養バランスを確かめよう。

まず、料理名、使う食品を書き出す。その後、食品を五大栄養素に分類して、バランスを確認する。確認して、足りない栄養素があれば、料理を変えたり、食品を加えたりして栄養バランスを整える。

献立、食品が決まったら、作り方を書く。

献立名	食品名	五大栄養素
ごはん	米	炭水化物
みそ汁	みそ	たん
	煮干し	
	わかめ	
	とうふ	
野菜炒め	にんじん	
	キャベツ	
	ベーコン	

最後に、子供たちが考えた献立をチェックし、調理法など変更した方がいい場合は助言する。

1食分の献立作りにあたっては、児童の実態、学校のカリキュラムに応じて以下のような内容を考え、実習のもち方を決める。

内容	選択肢	
調理実習	実施しない	実施する
実習の内容	おかずだけ作る	ご飯、みそ汁を合わせて1食分作る
献立の設定	自由に考えさせる	お弁当（中学からお弁当の地域におすすめ） / 和食 ご飯、みそ汁、おかず（5年の学習をいかす）

【1食分の調理実習をするときの献立の決まりの例】

・ごはん、みそ汁、おかずの組み合わせにする。

・おかずは、2品までで20分以内に作れるものにする。

・生肉、生魚などは使わずに、加工食品で代用する。

・実習では、全て加熱調理する。

加工食品はどう選ぶといいのだろう？

消費生活・環境と関連させて、加工食品について学ぶ。

加工食品を選ぶときに大切なことは何ですか。

「値段、量、期限、安全性、産地、原材料」
　加工食品を選ぶときの観点を出させる。

加工食品を買うシミュレーションをします。

<条件>

4人家族・今夜の夕食の野菜炒めに使うベーコンを買う。

	3パック		
値段	248円	268円	218円
量	35グラム　3パック	140グラム	150g
期限	賞味期限　2週間後	賞味期限　2週間後	消費期限　3日後
メーカー	〇〇	××	△△

　自分がどの観点を大切にするかを考えて、その観点で比べる。

　選んだものとその理由を書いたら、グループや全体で意見を交流させる。

　自分とは違う視点に気付かせるのが目的なので、どの選び方が正しいかを決める必要はない。より多くの視点があることに気付かせる。

　子供からは、環境についての意見は出にくいので、小分けのパックは便利だがごみが多く出て環境に負荷がかかること、賞味期限が長いものをみんなが選ぶと食品ロスにつながることを補足する。

（平　眞由美）

3 | 食生活

1食分の食事③　6年

 おかずを作ってみよう。

1．計画を立てさせるポイント

　この単元で、子供たちは栄養素について学んだことを生かして、バランスのよい献立を作成できるようになっていく。

　授業の最初に、最終的なゴールは次のようにする。

> 考えた1食分の献立を家族に作って、食べてもらうことがゴールです。
> （コメントをもらってくる）
> そのうちのおかず1品を、調理実習で一人で作ってもらいます。

　このように告げることで、子供たちは現実感をもって計画にあたることができる。

　使える材料についても知らせておく必要がある。もちろん、調理実習では生肉を使用できないことなどを前もって伝えて、献立を考えさせていく。

　次に献立を立てるうえで大事にしたいのが、朝なのか、昼なのか、夜なのか、ということである。それも含めて次のことを献立に書かせる。

> いつの献立なのか決めなさい。（朝、昼、夜）

　それが決まったら、次は基本的な形で決めていく。

> 主食、汁物、飲み物、おかず2品を決めていきます。栄養バランスに気を付けた献立を考えましょう。できたら先生のところに持ってきなさい。

　教師は、栄養バランスに配慮された献立になっていれば合格させる。そうでなければ再度考えさせる。

　子供たちには料理のアイデアがあまりないので、インターネットや本などを使って献立を楽しく考えさせたい。合格した子供から調理実習で作るおかずについて、詳しくノートなどに計画を書かせていく。

（平山　靖）

3 | 食生活

1食分の食事④ 5年・6年

 実演をしてみせよう。

2．調理実習を始める前に教えるべき4つの知識

　子供たちは調理実習のときだからこそ、しっかりと料理の仕方を聞く。次のようなことは調理実習を始める前に全員を集めて実際にやって見せてあげると、理解が深まる。

（1）野菜の洗い方
（2）調理に適した切り方
（3）味の付け方
（4）ゆでる順番、いためる順番

　例えば切り方については次のように話す。

～君は人参を何に使うのかな？（野菜いためです）
野菜炒めだったら、厚く切ったほうがいいですか？　薄く切ったほうがいいですか？　全員手を挙げてみましょう。（厚く、薄く）。固い野菜は火が通りやすいように薄く切ったほうがいいね。どのような切り方があるか隣近所で話し合ってごらん。例えば千切りは……。※見本を見せる。

　このようにして、4点それぞれ可能な限り実演しながら行うとよい。あとは教師が安全の確認をしたり、片付け方についてきちんと事前に指導したりしておけば十分である。また家庭科室の使用については決まりがあるはずである。ないならば早急に作り、掲示しておくべきだ。包丁の出し方、しまい方、洗ったらどこに置くか、などはすでに5年生で学習しているが、守りやすいように毎回教師が配慮して決まりを作っておく必要がある。

　実習後は家庭に帰って実際に1食分作らせて、保護者からコメントをもらえるようにする。もちろん保護者と一緒に作ってもいい。

（平山　靖）

家庭科でのプログラミング教育 5年・6年

 炊飯器のプログラムを考えよう。

1. 炊飯器のプログラムを考える

　5年生でご飯を炊く学習がある。もちろんそこでもできるし、6年生で行ってもいい。

　6年生であれば、学校の炊飯器を持ってきて、次のように発問する。

> 炊飯器です。
> お米を洗って、水を入れますね。そのあと何かがあってご飯が炊けます。
> どのような命令（プログラム）が出されているのか、予想してノートに書いてみましょう。命令の順番はひとまずバラバラでもいいです。

　子供たちは5年生で一度学習しているので、思い出しながら考えていく。そして自分の考えを発表させ、板書していく。

> プログラムを考えるわけですから、順番が大切です。どのような順番か考えましょう。お隣同士で相談してごらんなさい。

　板書したものに数字をうって、順番を考えていく。これでいいですね？　と子供たちに念を押してから、次のように言う。

> それでは、教科書を見て確かめてみましょう。

　子供たちは「そうだった！　そうだった！」と思い出す。

> 自分自身で正しいプログラムだと思われるものをノートにフローチャートで書いてみましょう。書けたらパソコン室に行き、そのプログラムで本当に大丈夫か、実際にプログラミングしてみましょう。

　全員がある程度できてから、パソコン室につれていく。

２．Scratchの「炊飯器シミュレーター」で確認する

　Scratchには様々なプログラムがある。その中に、「炊飯器シミュレーター」という プログラムがある。(https://scratch.mit.edu/projects/236086960/editor/)

　子供たちをパソコン室に連れて行き、Scratchのトップ画面まで行かせる。

　Scratchの中の検索で「炊飯器シミュレーター」と打たせて検索をさせる。

　そうすると、すぐに出てくる。

　あとは次のように指示する。

> 先ほどのノート、教科書を頼りにして炊飯器のプログラムを完成させましょう。できたら教えてくださいね。

　余計な説明などは省いて、どんどん挑戦させる。できた子が現れたら次のように指示する。

> できたら、まだできていない人を助けてあげましょう。

（平山　靖）

評価観点
調理実習の評価のポイント① 5年・6年

POINT! 形が残らない調理実習の評価はどうしたらいいか？

1．視点を一つ決めて評価する

　調理実習は体育の実技と同じで子供の活動が後に残らない。そこで、その1時間で何を見るのかの視点を決めて評価していく。あれもこれも見ようとすると、全員を評価しきれない。しかし、視点を一つに絞っていれば、その時間、全員に必ず経験させる活動が明確になり、調理中の評価もしやすくなる。

（例）

【包丁の使い方】
A　安全に手際よく切っている。 B　反対の手を猫の手にして安全に切っている。 C　安全な扱いができていない。

【みそ汁の具の切り方】
A　材料に応じた切り方をしていて、大きさが揃っている。 B　材料に応じた切り方をしているが、大きさが不揃い。 C　材料に応じた切り方をしていない。

2．写真を撮って評価する

　できあがった料理は写真を撮っておくと後で見返すことができる。色合いや盛り付けなどの工夫を評価するときは、写真が有効だ。子供たちが自分の作った料理を振り返るときにも活用できる。ポイントは、誰の料理かわかるように名札と一緒に取ることだ。

5年1組　○○　○○

（平　眞由美）

評価観点
調理実習の評価のポイント② 5年・6年

 POINT! 調理実習で評価するときに気を付けることは？

1．一人一人の活動を評価する

　グループでの調理だと、一人一人のスキルアップにつながらないことがある。

　苦手な子はやらないままで、得意な子がどんどん進めることがあるからだ。そうならないように、これだけは全員が必ず行うという活動を決めて、一人一人の活動を評価する場面を作る。

2．課題に向けての工夫も評価する

　調理実習では、調理の実技だけを評価するのではなく、課題解決に向けて一人一人がどのように工夫しているかも見とる必要がある。

　全員同じ方法で活動させるだけでは、このような工夫を評価しにくい。そのために、例えば、野菜炒めでは、うまく火を通すために切り方を薄くする、いためる時間を伸ばすなど、各自で工夫する場面を作る。

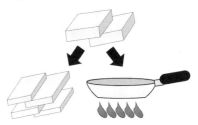

3．新学習指導要領での3観点をチェックする

　新学習指導要領では、今までの4観点から次の3観点になっているので注意が必要である。

①知識・技能……理解しているか。適切にできるか。

②思考・判断・表現……課題を解決する力が身に付いているか。

③主体的に学習にとり組む態度……主体的にとり組んでいるか。振り返って改善しているか。生活を工夫し実践しようとしているか。

（平　眞由美）

手ぬい①
裁縫箱の中身を調べよう

POINT! 裁縫に使う道具にはどんなものがあるかな？

　教科書の裁縫セットの図を見ながら、使い方、名前を確認する。

　実物を出させると、気をとられて指示が通らなくなるので、はじめは実物には触らせない。裁縫セットを扱うときの注意を確認してから、裁縫セットの中身を確かめさせる。

【裁縫の約束】

おさえる一番のポイントは、針の扱いについてである。

①授業前後に針の本数を数える。

②針を持って立ち歩かない。

③針の先を人に向けない。

④使っていないときは、必ず針刺しにさす。

⑤折れた針は、折れ針入れに入れる。

　裁縫セットの中で使い方がわからないものについての質問タイムを設ける。

Q　どうして2種類のはさみがあるの？

A　裁ちばさみと糸切りばさみです。裁ちばさみは布を裁つとき、糸切りばさみは糸を切るときに使います。

Q　リッパーは何に使うの。

A　間違って縫ったときに糸を切るために使います。

Q　チャコペンシルはどうして2色あるの？

A　布の色に合わせて使い分けます。線が見えやすい方の色を使います。

（平　眞由美）

手ぬい②
家庭への裁縫セット準備のお手紙 5年

 裁縫用具の準備についてのお願い。

　授業で使う裁縫用具について必要なものをお知らせしますので、ご用意くださるようお願いします。

　学校で注文することもできますが、空き箱等の利用や家にあるものの活用をしてくださっても結構です。いずれにしても、児童が自分専用に使えるものを用意してください。

　裁縫用具は6月以降に使用を始める予定ですので、それまでに準備をお願いします。

　下記に◎必要なもの、○あると便利なもの、△特に必要でないものに分けて書きましたので、参考にしてください。

【裁縫セット】

◎必要なもの

・針（長針、短針、まち針）、針山、縫い糸

・糸きりばさみ

・チャコペンシル

・たちばさみ

○あると便利なもの

・リッパー

・ひも通し

・竹尺（20cmくらいの長さのもの）

△特に必要でないもの

・メジャー

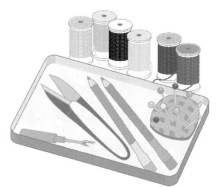

　5年生最初の製作は、フェルトを使った小物作りをする予定です。

　詳しくは後日お知らせします。

（平　眞由美）

4 衣生活

手ぬい③
左利きの児童への配慮

 5年

 POINT! 針と糸に慣れよう。

見付けよう 本返し縫い・半返し縫い・なみ縫いの違いは何だろう？

教師が、太い毛糸を使って作成した「なみ縫い」「本返し縫い」「半返し縫い」の見本を黒板（ホワイトボード）に提示する。

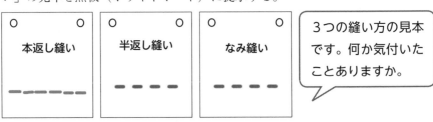

○　　　　　○	○　　　　　○	○　　　　　○
本返し縫い	半返し縫い	なみ縫い
━━ ━━ ━━ ━━	━ ━ ━ ━ ━	━ ━ ━ ━ ━

> 3つの縫い方の見本です。何か気付いたことありますか。

なみ縫いと半返し縫いは、同じ縫い方に見えます。

これは表側から見ています。実際に同じかどうか裏側を見て確かめてみましょう。

> 返し縫いは、糸が重なっているところがあった。

覚えよう 返し縫いは、なみ縫いよりも丈夫な縫い方である。

【針と糸の扱いのポイント】
糸は針の穴に通しやすいように、切り方を斜めにする。
一度に使う糸の長さは、両手を広げた（約50〜60センチ）くらい。
糸がつれてしまわぬように、たまに布ごとしごきながら、縫い進める。
左利きの子供に対しては、針と糸の持つ手が逆になること、針の向きに人がいないよう、座席を決めるときの配慮が必要。

やってみよう 玉結びの練習をしよう。

【練習時のポイント】

玉結びの練習をするとき、配慮が必要な子に対して、縫い糸ではなく、**タコ糸や太めの糸を使って**練習をするとよい。

玉どめが難しい場合は、一度針から糸をはずし、かた結びをしてはさみで根元を切ることも伝える。

やってみよう なみ縫いと玉結びだけで作品を作ってみよう。

①フェルトを2枚（星型と丸型）を重ねてコースター作り。

　糸は色を変えて2本どりにする。

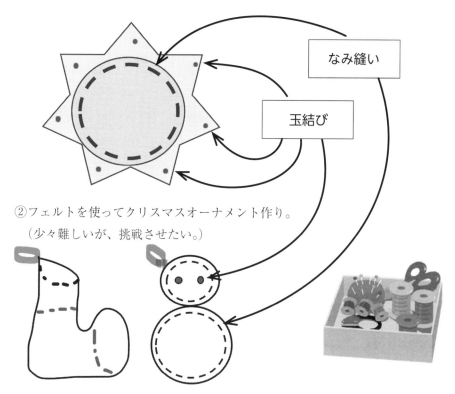

なみ縫い

玉結び

②フェルトを使ってクリスマスオーナメント作り。

　（少々難しいが、挑戦させたい。）

（白石和子）

手ぬい④
実習 (1) ネームプレートを作ろう 5年

POINT! 縫い取りのネームプレートを作ろう。

> 縫い取りは、布の上に縫い目で文字や形を表すものです。

1. 見本を提示する

 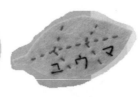

2. ボタンの付け方を知らせる（できたかチェックする）

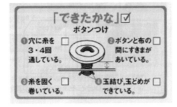

3. 作り方を知らせる

① ネームプレートの形を考える（紙に実物大の大きさの形をかいてみる）。

② フェルトにしるしを付ける（フェルトが無駄にならないようにする）。

③ フェルトを裁つ。

④ 名前を書く（チャコえんぴつでうすく）。

⑤ 縫い取りをする（玉結び、玉どめはフェルトのうらに）。

4. ネームプレートの活用例を考えさせる

・手さげバッグ、ナップサックの名札に

・ハンカチやランチョンマットに……

やってみよう

ネームプレートを作ろう

こんなネームプレートにしたい （製作設計・イラストや考え、思いをかき込む）	組　番（　　　　　　　　　）
	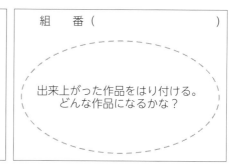出来上がった作品をはり付ける。 どんな作品になるかな？

めあて1　玉結び・玉どめをしよう（2時間）　　考えよう

設計通りのネームプレートにするために工夫したり、改善したりするところは？	玉結びができる	A B C D
	玉どめができる	A B C D
	縫い取りができる	A B C D
	友だちと教え合った	A B C D
	友だちへアドバイスした	A B C D
	よりよくするために工夫した	A B C D
	安全に気を付けた	A B C D

めあて2　ネームプレートを作ろう（2時間）　　ふり返ってみよう

・自分の作品について	玉結びができる	A B C D
	玉どめができる	A B C D
	縫い取りができる	A B C D
	友だちと教え合った	A B C D
・友達と評価し合おう（　　　　さんと）	友だちへアドバイスした	A B C D
	よりよくするために工夫した	A B C D
	自分の願い通りのものができた	A B C D
	安全に気を付けた	A B C D

（飯田尚子）

4 衣生活

手ぬい⑤
実習 (2) 小物を作ろう

 学習した縫い方を組み合わせて小物作りに活用しよう。

なみ縫い、返し縫い、かがり縫いの特ちょうを生かして作りましょう。

1．なみ縫い、返し縫い、かがり縫いの特ちょうを知らせる。

なみ縫い…基本となる縫い方

返し縫い…じょうぶにするための縫い方

かがり縫い…布はしをほつれないようにする縫い方

2．製作例を示す

製作例	カード入れ	ティッシュペーパー入れ
製作例		
材料	手縫い糸・フェルト・ボタン	手縫い糸・フェルト
縫い方	なみ縫い・返し縫い （ボタン付け）	なみ縫い・返し縫い
作り方	①カードの大きさを考えてカード入れの大きさを決める。 ②チャコえんぴつでしるしを付けて本体とポケットを裁つ。 ③ポケットにボタンを付ける。 ④本体にポケットを重ねて縫う。縫い始めと縫い終わりは返し縫いをする。 ⑤ボタンをとめる穴をあける。	①大きさを決めて布を裁ち、しるしを付ける。 ②布の表を中にして、山折りと谷折りにする。 ③まち針で留めて、上下をなみ縫いか返し縫いで縫う。 ④縫い始め、とり出し口、縫い終わりはひと針返して縫う。

小物を作ろう

こんな（　　　　　　　　　）にしたい （製作設計・イラストや考え、思いをかき込む）	組　　番（　　　　　　　　　　　） 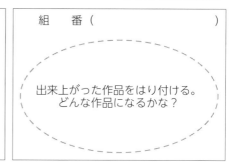 出来上がった作品をはり付ける。 どんな作品になるかな？

めあて1　返し縫い・かがり縫いをしよう（2時間）　　考えよう

設計通りの小物にするために 工夫したり、改善したりするところは？	返し縫いができる	A B C D
	かがり縫いができる	A B C D
	友だちと教え合った	A B C D
	友だちにアドバイスした	A B C D
	よりよくするために工夫した	A B C D
	安全に気を付けた	A B C D

めあて2　（　　　　　　　　　　）を作ろう（2時間）　　ふり返ってみよう

・自分の作品について	返し縫いができる	A B C D
	かがり縫いができる	A B C D
	友だちと教え合った	A B C D
・友達と評価し合おう（　　　　さんと）	友だちにアドバイスした	A B C D
	よりよくするために工夫した	A B C D
	安全に気を付けた	A B C D
	自分の願い通りのものができた	A B C D

（飯田尚子）

ミシン①
各部位の名前と使い方を知ろう 5年・6年

 POINT! ミシンの各部位の名前を歌いながら覚えよう。

やってみよう 歌いながら、ミシンの各部位の名前と使う手順を覚えよう。

ミシン虫のうた（「かたつむり」のメロディーで）

糸たて　糸かけ　糸案内
くるりと　まわって　天びんさん
糸かけ　針棒　針の穴

<ミシンの各部位の名前を覚えさせる>

糸かけ	糸案内
天びん	はずみ車

おさえ（がね）

下糸　取り出す　時にはね
はずみ車を　前まわし
下糸　ななめに　ひっぱろう

上糸　下糸　そろえ持ち
おさえの　先から　向こう側
布置き　針刺し　おさえがね

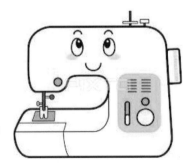

おさえを　おろして　ぬいましょう
ぬえたら　天びん　あげましょう
うしろに　ひっぱり　糸を切る

※ A4の用紙にコピーして全員に配布する。

（白石和子）

ミシン②
Q&A ミシンはいつから日本に？ 5年・6年

 POINT! 家庭科で使うものの語源や由来について知ろう！

調べてみよう 家庭科で使うものの語源や由来を調べてみよう。

日本にミシンが伝わったのはいつ？ 　　　答え 1854年

ボビンは何語？ 　　　答え フランス語

ボタンは何語？漢字で書くとどんな字？ 　　　答え ポルトガル語 釦・鈕

クッションは何語？ 　　　答え 英語

ランチョンマットは何語？ 　　　答え 日本語（和製英語）

アイロンはどうしてアイロン（鉄）っていうの？ （答えは自分で調べる！）

糸通しに描かれている人は誰？ 　　　答え 誰の顔でもない。

　一つ一つ調べてみると、思いもかけぬ共通点や発見がある。

※上のQ&Aは作業を終えた子のために活用する。

（白石和子）

4 | 衣生活

ミシン③
"タグ"を調べて発見！あの布製品のルーツ 5年・6年

 POINT! 布製品には、どんなものがあり、どのようにできているのかな？

布を使った製品には、どんなものがありますか？

体操服　服　かばん　ナプキン　エプロン

　布を使ったものだと思うものを、班で集めていく。観察したり、触ったりして、違いがあるかを聞いていく。

　触り心地や、丈夫さに違いがあることに気が付く。そこで、次に素材が何かを確かめる。

タグを見て、出てきた言葉を書き出しなさい。

　タグには、製品を構成している繊維の名前が書いてある。

　ノートに書いたものを、発表させる。あるいは、子供に書かせるなどして、黒板に出す。以下のようなものが出されるだろう。

麻、絹、綿、ナイロン、ポリエステル

　これらのタグに書かれているものをまとめて、繊維という名前が付いていることを伝える。そのうえで、さらに突っ込んだ活動を行う。

やってみよう 繊維の違いでどんな違いがあるか調べよう。

　集めてきたものを、繊維（素材）の違いで、まとめていく。

　ナイロンやポリエステルは見た目も触り心地も明らかに違うことに気が付く。

引っ張ったときの違いなどはあるかと問いかけて、繊維（素材）の違いにより、品質が変わってくることを理解させる。

調べてみよう 繊維が何からできているか調べてみよう。

時間がとれるのであれば、麻、絹、綿、ナイロン、ポリエステルがそれぞれ何からできているのか、インターネットを使って調べさせるとよい。

調べた後に、分類させる。

麻、綿は植物。

絹は、蚕つまり動物
からとれる。

そして、ナイロン、
ポリエステルは、いず
れも石油をもとにして
作られことがわかる。
そこまで調べた状態

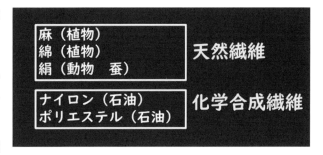

で、図のように、繊維には天然繊維、合成繊維があることを教える。

家庭科豆知識 ナイロン、ポリエステルは布なのか？

ナイロンやポリエステルの化学合成繊維は布と言えるのだろうか。

辞書で調べると、布とは「織物の総称」とある。次に、繊維を調べてみると、「織物の原料」となっている。つまり、繊維が集まって織物（布）になるということになる。そう考えると化学合成繊維が原料であっても、織物として作られているナイロンや、ポリエステルは、布ということになる。ちなみに、縦糸と横糸を規則正しく組み合わせて作るものを「織物」、輪と輪をひっかけて作るものを「編物」、熱や力を加えて、繊維どうしを絡ませて作るものを「不織布」という。不織布は、作成計画を立てるときなどに有効である。

(本吉伸行)

4 衣生活

ミシン④
ミシンの使い方を確かめよう　5年・6年

POINT! まずは、糸をかけずに、動かしてみよう。

> 糸をかけないで、ミシンを動かしてみよう。

　教科書を読み、ミシンの各部の名称、動かし方を確認する。
　しかし、実体験を伴わなければ、使えるようにはならない。まずは、糸をかけずにミシンを動かす。この経験をしておくことで、電源を入れること、スイッチを入れることが、子供の中に実体験で入る。次に、糸をかけずに空縫いをさせる。この経験で、ミシンの縫い方や、おさえを下ろすこと、向きの変え方などを体験させることができる。糸をかけると、様々なトラブルが怒涛のように起こる。糸をかけずにできることを、できるだけたくさん体験させておくことが大切だ。

> 上糸をかけてみよう。

　上糸をかける前に、教科書でどの順番でかけるのかということを確認する。その後、上糸をかける練習をする。ただ単に上糸をかける練習をしなさいと言っても、子供は一生懸命やらない。そこで、しばらくしてから、時間を計測しながらやるようにする。

やってみよう　上糸通しグランプリ

　時間を計測しながら、上糸をセットする経験をさせる。子供たちは一気にやる気になる。上糸を針に通す直前までセットできたら、「できました。」と言わせる。針孔にまで通った段階で、「通りました。」と言わせる。子供の声に合わせて、教師は時間を伝えるようにする。

ペアの子供が、そのときの時間をノートなどに記載するようにする。ペアの子は上糸を通す過程を見ておき、忘れている場所があれば、ストップをかけるようにする。この経験をすることで、作品を作る際にも、上糸をはやく通せるようになる。

　この後、下糸をセットし、下糸を出すことができれば、ようやく縫えるようになる。この下糸を出すというのが、かなり難しい。同じように時間を測ったり、個別に評定したりするなどして、できるようにさせていく。ただ、そのようにしてミシンを扱っても、子供たちが扱うと、たくさんのトラブルが起こる。その際に、どのような原因でミシンが動かなくなっているのか、そのことを把握しておくことが大切だ。

家庭科豆知識

ミシンのトラブルの原因（5つ）

①電源が入っていない。プラグがささっていない。（これが実は意外と多い。）

②縫い目の調節が0になっている。これが0だと同じところを縫ってしまい、糸が絡まり壊れる。

③下糸がセッティングできていない。

④上糸がてんびんにかかっていない。

⑤すでに下糸が絡まっている。

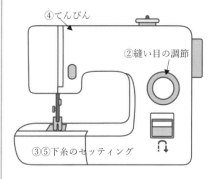

④てんびん
②縫い目の調節
③⑤下糸のセッティング

授業中のひと工夫　黒板に名前を書いてから質問に来るようにさせる。

　ミシンの授業を何のルールも設定せずに行うと、「先生！　先生！」の大合唱になる。黒板に名前を書いてから質問に来させる。教師は黒板に書かれた名前の順に対応する。これでずいぶん質問が減るようになる。

（本吉伸行）

ミシン⑤
ミシンの手入れ方法

5年・6年

POINT! ミシシの手入れは授業中にしてしまおう。

> ミシンの壊れる原因とは、どのようなものがあるでしょうか？

> 電源。コンセントがおかしい。

> 糸が絡まっている。

　ミシンの故障の原因は、教師視線で分けると2つ。教師が直せる故障と、教師が直せない故障の2つである。コンセントの不良などをはじめとする教師が直せないものは業者にお願いをするしか方法がない。直せるものは子供と一緒に授業中に直し方を教えてしまうのがよい。

やってみよう① ミシンって、どうやって動かすの？？

　ミシンを扱うのは、5年生も6年生も2学期からが多い。1学期に家庭科室に連れていき、ミシンを班に1台ないし2台用意する。

　上糸と下糸を全て出させて、先生のところに持ってこさせる。こうすることで、ミシン糸やボビンがどの程度あるのかを確認することができる。

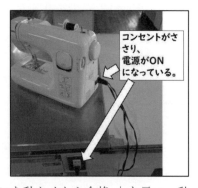

コンセントがささり、電源がONになっている。

　さらに、子供たちに、「電源を入れてミシンを動かせたら合格。」と言い、動いたら、先生を呼ぶように伝える。これで、コンセントもしっかりとさし、電源もオンになっているのに動かないものは、修理に出さないといけない。合格した班には、いらない布を渡して、空縫いをさせる。

ミシンの一番多い故障が、ボビンのところに下糸が絡まってしまうものである。

こうなってしまうと、ボビンの下の部分を開けて、修理しないといけない。

これを実習中に行うのは、ものすごく大変である。

しかし、この修理の方法は、写真のような器具さえあれば、子供でも結構簡単にできてしまう。これを1学期に経験させて

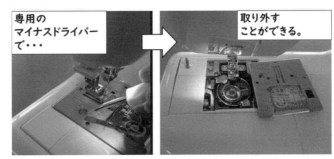

専用のマイナスドライバーで・・・

取り外すことができる。

おくと、子供たちが自分でミシンを修理できるようになる。器具を渡し、ミシンを分解して戻す。子供たちは喜んでとり組む。

ミシンの収納も、子供たちと一緒に行うとよい。

家庭科室ごとにルールがある場合は、それに従って行えばよいが、特にない場合は、子供たちに、養生テープとマジックを渡し、班の番号を書かせる。

「一目見てわかるように書いて、貼りなさい。」と伝える。

それができたら、今度は、

「ミシンを置く場所にも、班の番号を書きなさい。」

と言って書かせるようにする。これでミシンの収納場所への収納も、授業中に終了することになる。

（本吉伸行）

ミシン⑥
アイロンの使い方を確かめ、アイロンで仕上げよう 【5年・6年】

 POINT! アイロンを使うときに気を付けないといけないことは？

> アイロンを使うときに、どんなことに気を付けないといけないかな？

> やけど。

> 電源をきる。

> 暴れない。

　子どもによっては、アイロンが何かを知らない児童も多い。アイロンの実物を用意し、教師がアイロンをかけるのを見せてあげてから、問いかけてもよい。アイロンは、重大な怪我につながる可能性を子供たちに伝え、さらに問いかける。

> アイロンを使った後に、やるべきことはどんなことですか？

　子供たちから出てきた意見をまとめて、板書していく。

　その後、全体で、短いキーワードと共に、右の板書のようにまとめる。使い終わったら、「切る→立てる→抜く」というように、アイロンの扱い方を覚えるようにする。

> 【アイロンを使った後】
>
> ①切る（電源を）
> ②立てる（アイロンを）
> ③抜く（コンセントから）

やってみよう アイロンを実際に使ってみよう。

①コンセントにプラグをささずにやってみる。

　まずは、**コンセントにプラグをささずに、アイロンをかける。**使い終わった後は、「切る、立てる、抜く（ふり）」と言いながら、実際に経験をさせる。この際に、安全上、問題がある班は、次の段階に進ませないようにする。

②コンセントにプラグをさし、電源を入れる。

　安全に扱うことができるようになって初めて、電源を入れてアイロンをかける。このときに、アイロンをかけたときとかけなかったときとの違いについて、確認する。

③スチームを使ってみよう

　水を入れて、スチームアイロンをかけてみる。普通のアイロンとスチームアイロンとの違いを調べさせるとよい。このように、アインをかける経験を作品作りとは別に行っておくことで、作品の仕上げのアイロンもスムーズに行うことができる。

家庭科豆知識①　スチームアイロンのメリット・デメリットとは？

　スチームアイロンは、蒸気の力を使い、普通のアイロンよりも、しわが伸びやすくなる。また、高温の蒸気を当てることにより、殺菌消臭防虫効果などが期待できる。一方で、綿や麻などにはスチームアイロンは適していない。素材を確認してから使うように子供たちに伝えるとよい。

家庭科豆知識②　昔のアイロンと最先端のアイロン。

　アイロンは、江戸時代末期に輸入され、外国人中心に使用されていた。今のような電気アイロンができるまでは、炭火をアイロンの中に入れて、その熱を使い、布のしわを伸ばしていたらしい。炭火アイロンが頻繁に使われていたのが明治時代中期。大正に入ってから電気アイロンが開発され、第二次世界大戦以降、一般家庭に普及していった。

　一方、現代の最先端のアイロンとはどのようなものか。最近は、コードレスのアイロンも増えている。また軽量化も進み、軽いものは1kgをきるものもある。ハンガーにかけたままの服にスチームアイロンができる商品も出てきている。

（本吉伸行）

ミシン⑦
実習(1) ランチョンマット→クッションカバー 5年・6年

 POINT! 学習したことを使って、ミシンで生活に役立つ小物を作ろう。

ランチョンマット

1．見本を見せながら、手順を教える。

①同じサイズに布を2枚切る。（違う布が2枚だとリバーシブルになる）

②2枚を中表（表が中・裏が外）で合わせ、まち針かしつけをする。

③2cmに切った厚紙で縫いしろのしるしを付ける。（返し口にもしるしを）

④しるしの通りに周囲をぐるりと縫う。（返し口は縫わないこと！）

⑤角を縫い目から3mmほど残して切る。（縫い目まで切らないように注意）

⑥返し口から表に返して、角を目打ちでしっかり四角く出す。

⑦アイロンをかけて、ぐるっと一周ミシンで縫って出来上がり！

2．布を裁つ

布切り専用のはさみ、「裁ちばさみ」を使って好きなサイズに切る。

はさみの先を机に付けて、すべらすようにして切り進める。

3．しるし付け

2cmに切った方眼の厚紙を用意しておくと、しるし付けが早くなる。

ひっくり返すための「返し口」のしるしも忘れずに付ける。

4．しつけ

ずれないように、まち針かしつけで留める。

5．ミシンかけ

忘れずに、最初と最後は「返し縫い」をさせる。

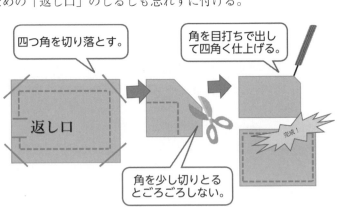

四つ角を切り落とす。

角を目打ちで出して四角く仕上げる。

返し口

角を少し切りとるとごろごろしない。

完成！

クッションカバー

・仕上がりサイズ　タテ45cm×ヨコ45cm

・用意するもの　好きな布　タテ47cm×ヨコ105cm（布幅）を1枚

　作り方はほぼ「ランチョンマット」と同じ。布1枚ではじを折り返して縫うので、少し難しくなる。しるし付けのために「1cmにしるしを付けた方眼の厚紙」を用意しておくとしるし付けがスムーズになる。

① 1cmで三つ折りアイロン

②折った所のはじを縫う

③45cmになるように両端を折りたたむ

④下は中央にくるように

⑤上下を縫う

⑥目打ちで角を出す

⑦クッションを入れる

⑧完成！

45cmに折りたたむところが難しいので、まち針を打った時点で折り方を確認し、合格してから縫わせるとよい。

（紫前明子）

4 | 衣生活

生活を豊かにするもの作り①
不織布で制作計画を立てよう 5年・6年

👍 **POINT!** 不織布を使って制作計画を立て、ナップサックを作ろう。

> ナップサックを作るには、どこを縫えばいいかな？

不織布（※ p73）や、いらない布（いらないタオル）などを班で1枚用意し、ナップサックをどのように作ればいいかを考える。

用意した布を、まず図のように半分に折って、どこを縫えばいいかと、問いかける。子供たちにはイメージが全くわからない。実際に縫ってみなければわからないからである。そこで、ホッチキスを使って、確かめてみる。

やってみよう 縫う場所をホッチキスで留めてみよう。

実際にミシンで縫うのは大変だが、ホッチキスなら、簡単に留めてとり外しもできる。ホッチキスは班に1台用意しておき、縫う場所を留めるように指示する。事前に子供たちに持ってくるように伝えておけば、ホッチキスの芯だけの準備で済む。

子供たちがホッチキスで留めたものを見て、教師は「どうやって、袋になるのか？」「どこにひもを通すのか？」などと突っ込みを入れ、何度も挑戦させる。この過程を通して、「ゆとり」や「縫いしろ」の必要性を理解することができる。

やってみよう 黒板に、どこを縫うのか書いてみよう。

班で、ある程度意見が固まったら、図のように、□を班の人数分書き、色チョークで、どこを縫うのか、ということを書かせる。

教師は、書かれたものを10点満点で次々と評定していく。

評定により、何が正しいのかを、子供たちは考えるようになる。

班で主体的な対話が成り立ち、考えることによって、深い学びを実現することができる。

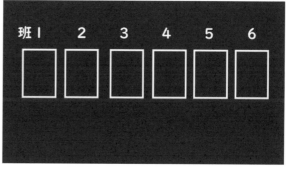

家庭科豆知識 「ゆとり」とひっくり返して仕上げることを教える。

何度か繰り返していくうちに、教師がヒントを与える。

さらに、教科書を見てもいいことなどを伝える。下図のような図が10点の図ということになる。

図と同じように、不織布をホッチキスで留めたものをひっくり返すと、ナップサックになることがわかる。実際に布を使って確かめ、さらに自分で図式化、言語化する経験をしておくことで、作成前にナップサックの縫い方を理解することができる。

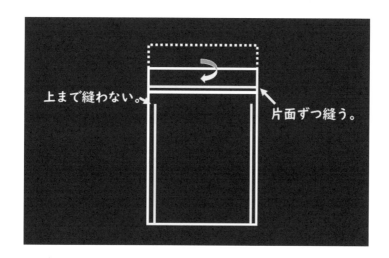

（本吉伸行）

生活を豊かにするもの作り②
実習 (2) ナップサックを作ろう
5年・6年

POINT! ナップサックを作るときに失敗するところってどんなところだろう？

縫った縫い目を、全てほどいてやりなおししないといけないのはどんなとき？

ひもが通らなかったとき。

まっすぐ縫えなかったとき。

市販のキットで作る場合も、自分で作る場合もそうだが、ナップサックは、作成過程の大半を裏側から作り、最後に、ひっくり返すので、子供がイメージしにくい。

そこで、効果的なのが、完成品を見せて、そのうえで、失敗を先どりして予想させる活動である。

写真を見て、自分のナップサックで説明しよう。

完成品を実際に見せる、もしくは触らせる。そのうえで、上記のように失敗を予想させる。最後に、代表的な失敗例を教師が伝える。

①ナップサックのひもを通すだけのスペースがあいていない。上の写真の矢印（↕）の部分が狭いと、ひもが通らない。

②下の写真の矢印（↑）の部分、フックを付ける場所が短すぎると、フックを付けることができない。

ひもを通すだけのスペースをあけないといけない。

この部分が短すぎると、フック（金具）をつけることができない。

この代表的な失敗例を先に伝えておくだけでも、随分とやり直しが少なくなる。自分の作品を手に持って、班で、「ここを縫うときは、スペースを空けないと、ひもが通らないので、スペースを空けて縫わないといけません。」などというように説明をさせる活動をしておくとよい。完成品を自分の現状の作品とすり合わせることで、子供たちは見通しをもって活動することができる。

やってみよう　ナップサックを作ろう。

　ナップサックを作っていくと、どうしても時間差が出てくる。一定まで進むと、時間差を班ごとに吸収する仕組みが大切だ。そこで、写真のように、黒板に班の番号とできた人の人数を〇で表すようにさせる。こうすることで、進捗状況

がわかり、教師もどの班をメインで支援すればいいかがわかるようになる。

家庭科豆知識　時間差で、アイロン、まち針、しつけをさせる。

　ミシンが班に十分な数を確保できていない場合もある。その場合は、どうしても手持ち無沙汰になり、空白の時間が生まれる。それを解消するために、やるべきことを与えておく必要がある。

　基本的には、写真のように①説明書を見て、②作成手順を理解し、③アイロンをかけて、④まち針で固定し、⑤チャコペンで縫う場所に印を付ける作業を行う。もちろん、班で教え合いをしてもよい。

（本吉伸行）

4 衣生活

生活を豊かにするもの作り③
作品の発表会をしよう

6年

👍 **POINT!** 作品の発表会をしよう。

> 作った作品を発表して、みんなで交流しましょう。

　発表形式は、班やグループ内での発表もあれば、クラス全体の発表もある。時間やクラスの状況に合わせて選択する。

> 自分で実際に使ってから発表会をすると、より学習が深まります。

　製作した直後でなく、持ち帰って何度か使ってみてからの発表会だと、「うまくできたところ」「こうすればよかったところ」が実感しやすい。
「丈夫に縫ったので、重たいものを入れても大丈夫でした。」
「返し縫いを忘れてしまったので、使っているうちに、ほどけてしまったところがありました。今度は、返し縫いに気を付けたいです。」
「使ってみると持ち手が短かったので、調節できるようにしたいです。」
「ゆとりを考えて作ったので、ものの出し入れもスムーズにできました。」
　など、より具体的に作ったものの反省と、そこからの工夫が考えられ、今後の製作に生かせる発表会となる。

<発表会の例「エプロンファッションショー」>

　エプロンを作ったときは、ファッションショー形式の発表会もおすすめ。

　全員で製作したエプロンを着用し、家庭科室の机の間をランウェイのように歩くだけ。好きな音楽をかけて、ポーズを決めさせると、さらに盛り上がる。以前やったときは、班ごとにウォーキングでエプロンを披露し、最後に「工夫したところ」や「見てもらいたいところ」を発表し、とても盛り上がった。

（紫前明子）

4 ｜ 衣生活

生活を豊かにするもの作り④
工夫した点を発表しよう

 6年

 POINT! 製作の工夫について報告する会を開こう。

> 前提は、一人一人別のものを作っていることです。

　キットで同じものを作っていると、工夫が出にくいので、作品の発表会は難しい。5年のワッペンなど、各自でいろいろな工夫ができる単元の方が、報告会には向いている。

> 意図をもってどの縫い方を選んだのかに着目します。

　例えばワッペンなら、「どこをどんな縫い方をしたのか」「形の工夫は何か」などでも OK。要は、意図を持って、用途に合った縫い方を考えられているかを問うためにも、発表会が活用できる。

月　　日（　　）	年　　組　　名　前
作ってみた感想を書こう	
工夫したところを書こう（形・ぬい方・使いやすさ・じょうぶさなど）	
使ったぬい方は→なみぬい・かがりぬい・半返しぬい・本返しぬい	
そのぬい方を選んだ理由は	
発表会で、これはおもしろい、いい工夫だと思った人	
さん　理由：	

（紫前明子）

着方の工夫①
涼しい着方の工夫を考えよう 【5年・6年】

POINT! 季節に合わせて、どんな着方の工夫をしているかな？

> 涼しく過ごすためには着方にどんな工夫をすればよいでしょう。
> イラストに書き込んでみましょう。

かんたんなイラストに書き込ませる。出てきた意見をもとに「班の中で一番涼しい着方をしている人を選びましょう。」

と涼しい服コンテストを行うと、涼しい着方のイメージが具体的な服装と結びつく。

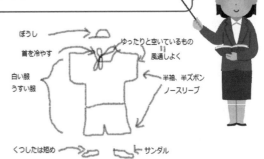

ぼうし
首を冷やす
ゆったりと空いているもの
風通しよく
白い服
うすい服
半袖、半ズボン
ノースリーブ
くつしたは短め
サンダル

試してみよう 布による通気性の違いを確かめよう。

涼しくするために風通しをよくするという考えが出てくる。そこで、布によって風通しが変わるのか、「通気性」の実験をする。

<準備物>

①布2種類
　布目の粗いものと
　布目の細かいもの
②筒
③ふきながし

布　2種類　　　　　　筒　　　　ふきながし

> 2枚の布にはどんな違いがあるでしょう。

違いをノートに書かせる。布には番号を書いておき、1の布は○○で、2の布は○○と発表させ、表にまとめる。

1	2
すけてみえる。	すけない。
布目が粗い。	布目が細かい。

どちらが通気性の高い布でしょうか。

予想させ、挙手で意見を確認する。予想をさせた後に、実験で確かめさせる。

<実験方法>

筒の先に布をかぶせて息を吹き込む。ふきながしがより揺れるほうが通気性の高い布ということになる。

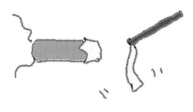

→サッカーのメッシュのユニフォームと、ウィンドブレーカーのように実際に布の違いが生かされているものを例にすると、子供たちに身近になる。

考えよう シャツ1枚と、シャツの下に下着を着ているのとでは、どちらが涼しく感じるでしょう。

挙手で意見を確認する。子供たちはなかなか気付かないが、涼しい着方の大切な工夫の一つが下着だ。

そこで、教師から投げかける。下着つまりランニングやキャミソールを着ているほうが涼しく感じる。下着が汗を吸うことで、服の中の湿度、じめっとした感じが下がる。だから、涼しく感じる。暑いところに行くと、下着が服の中の湿度を下げるので涼しく、逆に暑いところから冷房の効いた部屋に入ったときは下着が汗を吸うので、体の温度を下げすぎずに、体調を崩すことも防いでくれる。

（平　眞由美）

着方の工夫②
あたたかい着方の工夫を考えよう 5年・6年

 POINT! 季節に合わせて、どんな着方の工夫をしているかな？

> あたたかく過ごすためには、着方にどんな工夫をすればいいでしょう。

かんたんなイラストに書き込ませる。

しばらく時間をとったら、子供たちの様子に合わせて、

「○個以上書けた子は前に書きにいらっしゃい。」

と指示する。黒板に書き込ませてから発表する時間を設ける。

あたたかい着方

こい色 → 長そでで手袋 耳あて マフラー コート ← ズボン・レギンス 厚いくつ下

試してみよう あたたかい着方の工夫を確かめよう。

①扇風機の前で、防寒具を身につけたときと、つけていないときの感じ方を比べる。

②保冷剤に触って、手袋をつけたときと、つけていないときの感じ方を比べる。

③「セーターを着る」「セーターとコートを着る」のように着方を変えて数分過ごし、放射温度計で体表の温度の違いを測る。

扇風機（送風機）、保冷剤、放射温度計を準備しておき、各自、自分が調べたいことを調べさせる。

※放射温度計＝非接触で温度が測れる。2000円〜3000円程度で手に入る。

<支援が必要な子への対応>

・防寒グッズを持ってきていないという子

→普段学校に来るときに着ている上着でいいことを伝える。何も着てこなかったという子はほぼいないので寒い季節に行うとよい。しかし、念のため、教師も上着などを余分に準備しておく。

・調べ方がわからない子

→持ってきた防寒グッズは何かを確認して一緒に実験する。

・記録の仕方がわからない子

→良い記録の仕方をしている子の文章を紹介し、見本にする。

	身につけていないとき	身につけているとき
コート・ジャンパー	全体的に寒い 風が通り抜けていく	足は寒いけれど、 上半身はあたたかい 風を防いでいる
マフラー	首が寒い	首があたたかくて、 ほかもポカポカする
レギンス	足元から冷えてくる	風を感じなくてあたたかい

<発展課題>

　上着（ジャンパー）で実験をしている子には、前を閉めたときと開けたまま着ているときの違いも調べるように助言する。

　何個も防寒グッズを持ってきている子には、組み合わせ方による感じ方の違いも調べさせ、空気の層ができる組み合わせがよりあたたかくなることに気付かせる。

まとめよう　今日の学習でわかったこと、気付いたこと、これからの生活に生かしていきたいことを書きましょう。

<子供たちの「ふりかえり」>

・今までは、上着の前を開けて登校していたけれど、前を開けているのと閉めるのとでは寒さの感じ方が違うことがわかったので、これからは前を閉めようと思う。

・あたたかく過ごす着方がわかったので、気温に合わせて服の着方を考えていきたい。

（平　眞由美）

4 | 衣生活

衣服のはたらき

5年

POINT! 衣服の役割を考えよう。

考えよう 衣服を着るのはどうしてかな？

寒さを防ぐ。

汗を吸う。

怪我をしにくい。

作業しやすくなる。

　意見がなかなか出ないときは、普段着ている服を思い出させたり、様々な衣服の画像を見せたりして考えさせる。「大切なところをかくす。」「涼しくなる。」「風を防ぐ。」「おしゃれのため。」「かっこよく見せる。」「権威を示す。」「役割を表す。」など多くの意見が出ることで、衣服の働きについての見方が広がる。

比べてみよう 給食着と体操着の違いを確かめよう。

　給食着と体操着を各班に用意する。
「見付けた違いをノートに書きます。布地を触ったり、引っ張ったりして、観察しましょう。」
　と指示し、ノートに書かせてから、発表させる。

<板書例>

給食着

　伸びない。
　ツルツルしている。
　袖が長い。
　水を吸いにくい。
　　↓
　清潔にできる。

体操着

　よく伸びる。
　ふわふわしている。
　半袖が多い。
　水を吸いやすい。
　　↓
　運動しやすい。

工夫しよう 校外学習に着ていく服を工夫して選ぼう。

「着ていく服を選ぶために必要な情報は何かな。」
と聞いて、服を選ぶときのポイントに気付かせる。

・気温や天気…暑いか寒いか。晴れか雨か。
・活動内容……運動するか、しないか。どんな活動をするか。
・場所…………主に過ごすのは建物の中か外か。町か海か山か。

気温や天気といったポイントには気が付きやすいが、活動内容などの視点
は子供からは出にくい。そのときは、「体操着や給食着に着替えるのはなぜか
な。」とヒントを出して、活動内容に応じて服を選んでいることに気付かせる。
そして、子供の実態に応じて、状況設定を示す。

＜状況設定の例＞
秋のはじめの体験学習
気温はまだ高めで、天気は変わりやすい。
野外炊事や山登りをする。

次に、その状況に合わせて自分が選んだ服と理由を書かせる。

選んだ服	その理由
うすい長そで	気温がまだ高めだから
パーカー	天気がかわって、気温がかわるかもしれないから
長ズボン	山登りでけがをするかもしれないから
ぼうし	熱中症をふせぐため

体験学習などの実際の行事の前に行うと、実践と結びつくのでより効果的だ。

（平　眞由美）

4 | 衣生活

衣服の手入れ① 6年

 POINT! 衣服の手入れの手順を考えよう。

調べよう 服は、次に着るまでに、どんな手入れをしているだろう。

洗濯する。 | たたむ。 | タンスに入れる。

　このように、自分の経験をふりかえらせてから、衣服の手入れには何があるのかを考えさせる。見付けられたら、付箋に書かせる。その後、時間を区切って発表の時間をとる。

考えよう 服の手入れの順番を考えよう。

　衣服の手入れの順番がわかるように、子供たちには付箋に書いた項目をノートに順番を考えながら貼り替えさせる。付箋に書いた手順を並べ替えさせたり、条件によってどのように扱うかを考えさせたりすることで、プログラミング的思考を育てることができる。

　各自が考えた後、黒板に貼ったカードを並べ替えてクラス全体で確認する。

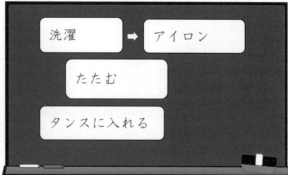

考えよう なぜ洗濯をするのだろう。

子供たちは「汚れるから。」と答えるので、「一度着ても汚れが見えていなければ洗濯しなくてもいいの。」と揺さぶる。

やってみよう 汚れた布で実験をしよう。

①ニンヒドリン溶液実験

ニンヒドリン溶液はアミノ酸に反応すると紫色になる試薬である。汗を吸ったTシャツにニンヒドリン溶液を霧吹きなどで吹きかけ、アイロンもしくはドライヤーで熱を加えると、汗などで汚れたところが反応して汚れを可視化できる。目には見えなくても汚れがあることに気付かせることができる。

②吸水実験

一見きれいだが、汗で汚れた布ときれいな布を用意し、水を吸わせる。目には見えなくても汚れていると吸水しにくいことに気付かせ、汗などで汚れたままだと、次に着たときに汗を吸いにくく着心地が悪くなることに気付かせる。

家庭科豆知識 洗濯の昔、そして未来へ。

昔は川や池などの水辺を利用し、手でもんだり、足で踏んだりして洗濯をしていた。江戸時代には、木製のたらいと洗濯板を使って洗濯が行われた。

昔は洗剤もなく、代わりに灰が用いられることもあった。

人力で行う重労働であった洗濯が洗濯機によって行われるようになったのは、20世紀に入ってからのことである。

今も、洗濯は進化している。IoTを活用し、洗濯物の種類、量を判断してコースを自動調整したり、洗濯の進み具合などをタブレットやスマートフォンで確認したりできる洗濯機もある。さらには、洗濯物を畳むロボットまで開発されている。洗濯の手順を学び、仕組みを理解することは未来へと繋がる学習だ。

（平　眞由美）

衣服の手入れ②

6年

 工夫して洗濯できるようになろう。

調べよう くつしたにはどんな汚れが付いているだろう？

つま先とかかとが特に汚れているな。

どろ汚れみたいだよ。

　どこにどのような汚れがあるか気付かせるために、くつしたを観察させる。

やってみよう くつしたを洗ってみよう。

＜持ち物＞

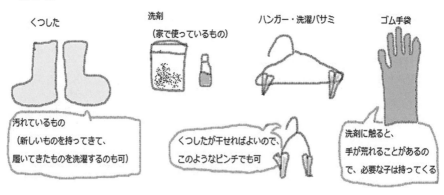

くつした

汚れているもの
（新しいものを持ってきて、履いてきたものを洗濯するのも可）

洗剤
（家で使っているもの）

ハンガー・洗濯バサミ

くつしたが干せればよいので、このようなピンチでも可

ゴム手袋

洗剤に触ると、手が荒れることがあるので、必要な子は持ってくる

　教科書を見て、手順をノートに書き出させ、洗濯の手順を確認する。
　次に、洗う・すすぐの手順の動画を見せる。動画がない場合は、師範する。
　洗い方を比較して一番汚れがよく落ちるのは何洗いかを考えさせ、ピンポイントで汚れを落とすには、つまみ洗いがいいことを確認する。

その上で、自分なら、くつしたをどんな風に洗うか洗い方を考えさせる。

（例）全体をもみ洗いする・かかととつま先を中心につまみ洗いする、など。

【洗濯実習のポイント】

① 水と洗剤の量を確認する。

水と洗剤の量を確認しないと、たらいいっぱいの水に、持ってきた洗剤全部を入れて洗濯する子が出て、洗濯に無駄な時間がかかってしまう。

② 片方は手洗い、片方は洗濯機で洗う。

同じくつしたでも洗い方によって手間や仕上がりが変わることに気付かせるために、手洗いと洗濯機に分けて洗う。

まとめよう 手洗いと洗濯機には、どんな違いがあるだろう。

洗ったくつしたが乾いたら、手洗いと洗濯機洗いをしたくつしたを観察して、違いや気付いたことをノートに書かせる。

手洗い	洗濯機洗い
・細かいところまで洗える。	・全体を洗える。
・汚れが落ちやすい。	・汚れが残ることがある。
・手間がかかる。	・一度にたくさん洗える。
・うまく絞れない。	・洗っている間に別のことができる。

発表させて、表の形にまとめていく。

手洗いと洗濯機の違いを、生活にどう生かすか書きましょう。

「どろ汚れがひどいときは、手洗いをする。」「普段は洗濯機を使い、時間があるときは手洗いをする。」など、手洗いと洗濯機洗いの特徴の生かし方を考えることで、自分の生活につなげさせる。

（平　眞由美）

衣服の手入れ③

6年

 POINT! 衣類についている取り扱い絵表示。

調べよう 洗濯のコツや失敗には何があるだろう。

　宿題として、おうちの人にインタビューをして調べてくるようにする。調べたことを班の中で発表し合ってから、クラス全体で共有する。

・服が縮んでしまった。
・ほかの洗濯ものの色が移ってしまった。
・汚れのひどいものは下洗いしている。
・洗濯ものを分けて洗っている。

　意見をまとめることで、衣服に合わせた洗濯のために「とり扱い絵表示」があることに気付かせる。

見付けよう みんなが着ている服のとり扱い絵表示を探そう。

　「みんなの服にもとり扱い絵表示がついているかな。」

　と投げかけると、服をめくって、洋服のタグを見始める子が出るので、

　「よく気付いたね。」

　とほめてとり上げる。

　基本、とり扱い絵表示の書かれているタグ

は、首元もしくは服の左側に付いている。なかなか見付けられない子には、どこについているかを示して見付けさせる。タグがとり取られていて服に付いていない子や、めくって見られない位置に付いている子もいるので、体操着や給食の白衣なども用意しておく。

教科書の例を参考に、マークの意味について簡単に解説する。

2016年12月1日から日本独自のJISの表示ではなくISO（国際標準化機構）との統合が図られ、新しいとり扱い絵表示に変更されている。子供たちの服の表示も両方が混在している可能性があるので、その点に注意して指導する。

新旧のとり扱い絵示を比べると、右の例のように、図や意味が変わっているものがある。

旧とり扱い絵表示

温度は30℃まで
手洗いをする。

新とり扱い絵表示

温度は40℃まで
手洗いをする。

やってみよう① とり扱い絵表示を見て洗濯してみよう。

とり扱い絵表示の説明の一覧表を用意し、タグと照らし合わせながら洗濯するもののとり扱いの注意を書き出させる。

次に、調べたとり扱いの注意を参考に、洗濯の仕方を書かせる。弱く洗うのか、強く洗ってもよいのか、干し方はどうするとよいかなどを考えて書く。

実習は、ペアと交代して洗濯をさせる。見ているときは、ペアの人のいいところや工夫しているところを書くようにすると、お互いよいプレッシャーになって集中した実習につながる。

シャツなどの大きなものを洗濯した場合、子供の力では絞りにくいので、脱水は洗濯機を使うとよい。

> ○月○日　洗濯実習
>
> ＜取り扱い絵表示の意味＞
>
> 温度は４０℃まで　弱く洗う
>
> 漂白不可
>
> 乾燥機不可
>
> 日陰の吊り干し
>
> ↓
>
> ＜洗い方＞
>
> 弱く洗って、日かげに干す。

（平　眞由美）

5 | 住生活

暑い季節に合わせた住まい方①
夏のくらしの工夫　涼しい住まい方 **5年・6年**

 伝統的な日本のくらしを見直す「音」「植物」の利用。

<風鈴の音>

聞いてみよう　まず、音だけ聞かせる。

(https://www.youtube.com/watch?v＝DBAtJAj_USU 川崎大師風鈴市)
「好きか、嫌いか」「イメージで赤か、青か」「涼しいか、暑いか」
などの選択肢を与えると、どの児童も答えらえる。

風鈴の音がなぜ涼しく感じられるのかな？

「風が流れていることを感じる」などの意見もあるが、本来は「音」で涼しく
なることはない。しかし、日本は冷房がなかった時代に、「風鈴の音」を「涼
しげな音」と表現した。四季をもつ日本の心である。ムシムシとした湿気の多
い暑い夏をやり過ごすために、「涼しの風情（ふぜい）」を感じてきた。

家庭科ミニ知識

鈴は、縄文時代から、土偶として日本にあった。強い風は災いをもたらす
として、寺の四隅に飾り厄除けとしていた。その後、暑さを払う鈴として
室町時代に定着し、ビードロから透明のガラス細工で生まれ変わり江戸時
代に流行した。

<緑のカーテン>

　できれば年度当初から計画し、学校内で実施したい。暑さを体感して比較す
ることで効果を実感できる。教科書に掲載されているサーモグラフの資料が
より実感できる。（既習の理科「葉の蒸散」との関連）土のない２階やコンク
リートの環境でもプランターで可能であることも調べる。緑のカーテンに適し
た植物の条件は、①蔓で伸びるもの（広範囲）、②葉が小さくギザギザしてい
る（風通しが良い）、③夏に強い。例：ゴーヤやかぼちゃ、西洋朝顔など。

(鈴木恭子)

5 │ 住生活

暑い季節に合わせた住まい方②
自分の家で涼しい住まい方を工夫しよう 5年・6年

 POINT 涼しく住まう工夫を考えよう。

考えよう 自分の家でできる涼しい住まい方を考えよう。

今まで学んだことを生かして自分の家でできる涼しい過ごし方を活用する。

① 条件を整理する……自分の家は、一軒家 ／ アパート（○階）
　　庭・ベランダ （ あり ／ なし ）
② 涼しい過ごし方のキーワード
　　・風の通り道は？
　　・直射日光は当たってる？
③ やってみたいこと

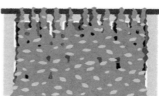

やってみよう 問題点を改善してみよう。できそうなことにチェックする。

❶ □ すだれやよしずで、日よけをつくる。
❷ □ 窓の外に植物を植えて、緑のカーテンをつくる。
❸ □ 必要なときは、冷ぼう器具を使う。
❹ □ 涼しさを感じにくいときは、冷ぼう器具とせん風機をいっしょに使う。
❺ □ 窓や戸を開けて、風の通り道をつくる。
❻ □ 打ち水をする。
❼ □ 風鈴をさげる。
❽ □ 衣服で暑さを調節する。

やってみよう 家の人にも協力してもらって、実践しよう。

　家族でとり組んだ成果を発表する。友だちの成果を聞き、さらにやってみたいことも発表したい。工夫して実践した姿勢を高く評価したい。

調べてみよう 夏のエコ生活について調べてみよう。

　エアコン等による冷房機器は、電気の需要を増やす。発電所の許容量もMAX。国内全ての人が節電の意識をもち、実行する必要がある。どのような使い方が効果的か調べたい。電力会社 HP が参考になる。

（鈴木恭子）

5 住生活

寒い季節に合わせた住まい方①
寒い季節を快適に過ごす工夫 【5年・6年】

 POINT! 寒い季節を快適に過ごす工夫を考えよう。

寒い季節を快適に過ごす工夫には、どんなものがあるでしょうか。
できるだけたくさんノートに書きましょう。

書けた子から発表させ、似ているものを分類する。

【衣】	【食】	【住】
・厚着をする ・あたたかい服を着る（セーター・コート・フリース等）	・あたたかいものを食べる ・あたたかいものを飲む 	・暖房をつける（ストーブ・ヒーター・エアコン・こたつ等） ・カーテンをしめる

【その他】
・風呂に入る
・カイロを貼る
・体を動かす

> **調べてみよう** 寒い地域では、どのような工夫をしているのだろうか。

　北国では、たくさん積もる雪対策や、家の中を暖かく保つ工夫をしている。
【工夫①屋根】屋根が「へ」の形をしており、積もった雪が勝手にすべり落ちる「落雪式住宅」が多い。都市部では屋根の上で雪を溶かす「無落雪住宅」も多い。
【工夫②玄関】冷気や雪が家の中に入るのを防ぐために、玄関のまわりをガラスで囲った「風除室」を設置している家が多い。
【工夫③窓】北海道の窓には雨戸がなく、ガラスの間に空気の層を設けた二重窓や三重窓が一般的。
【工夫④灯油タンク】北国では大きな灯油タンクが家の外に置いてあるのが一般的。100L以上も入り、長い冬を乗り越えるためのストーブの燃料を貯えている。

（紫前明子）

5 | 住生活

寒い季節に合わせた住まい方②
色々な場所の明るさと温度を調べてみよう 5年・6年

 POINT! 明るさと温度を調べて、快適に住まう工夫を考えよう。

調べよう 学校内の色々な場所の明るさとあたたかさを調べよう。

学校の中で調べてみたい場所を出させ、班ごとに調べさせ、
「温度」「明るさ（ルクス）」「気付いたこと」を板書する。

照度計

温度　→温度計で調べる。（下の階と上の階を必ず入れる）

明るさ→照度計で調べる。（窓際や屋外を必ず入れる）

・照度計は学校によってはない学校もあるので事前に確認が必要。

　ない場合は予算要望するか、他の学校から借りるなどで対応する。

＜照度計の正しい使い方＞

照度とは、光で照らされている面の明るさの度合いのことで、単位は「ルクス」で表される。測定させる前に、学校にある照度計の使い方を事前に説明することが必要。数値を読もうとして丸いセンサー部分にかぶさってしまうと暗くなってしまうので、センサー部分を覆うと正しく測定できないことを事前に伝える。

また照度計は数字がピタリと止まらない場合が多いので、「約何ルクス」かでメモしていいことを伝える。（メーカーによっては「HOLD」でピタッと止められるものもある）まずは家庭科室で「電気をつけたとき」「消したとき」で測定させ、基本の使い方を教えてから、学校の各場所へ測定に行かせるとよい。

まとめよう 色々な場所の明るさと温度を比べて気付いたことは？

・教室も、学校も、上の方があたたかくて、下の方が寒い。
・電気をつけたときの教室は作業にあった明るさになっている。
・窓際や日光は思った以上に明るかった。

今回調べたことから、日常生活に生かしたいことを考えさせる。

（紫前明子）

整理・整頓①
なぜ、整理・整頓が必要なのだろう 5年

 POINT! 「整理」と「整頓」の言葉の意味と違いを知ろう。

「整理」「整頓」とはどういう意味ですか。国語辞典で調べてみましょう。

> 「整理」……いらない物をとり除くこと。
> 「整頓」……きちんとかたづけること。
> 『チャレンジ小学国語辞典』（ベネッセ）

「きちんと」など曖昧な言葉があるので、教科書の言葉を使って簡単に定義する。

> 「整理」……必要な物を残すこと。
> 「整頓」……使いやすくかた付けること。

教科書の「散らかっている身の回り」の写真を見せる。

整理・整頓されていないと、どんなことが困りますか。

　教科書では、次の2点が書かれている。
①探すのに時間がかかる。
②つまずいたり、けがをしたりすることがある。
　教科書の「整理・整頓した身の回り」の写真を見せる。

整理・整頓されていると、どんなよいことがありますか。

①物が見付けやすくなる。
②けがや事故を起こしにくく、安全に生活できる。

（小松和重）

整理・整頓②
整理・整頓の工夫を考えてみよう 5年

 整理・整頓をするときに、どんな工夫をするか考えよう。

家の人は、整理・整頓のときに、どんな工夫をしていますか。

　事前に、家の人にインタビューしておく。

　負担にならないように、ノートに「整理・整頓の工夫」と書いて、箇条書きする程度でよい。

【主な整理・整頓の工夫】
・持ち物の数を確認し、不用なものをはっきりさせる。
・「考え中」の物は見直す日を決めておく。
・形や大きさに合わせて仕切る。
・同じ種類の物をまとめる。
・使う頻度で置き場所を変える。
・ラベルを付けたり、透明の袋に入れたりしてわかりやすくする。

これから、机の引き出しとロッカーの中を整理・整頓します。どんな工夫をしますか。ノートに考えて書きましょう。

　まずは、机の引き出し、ロッカーの中をじっくりと見せる。すぐに整理・整頓したくなるだろうが、手は付けさせない。

　次のような工夫が考えられる。
・いらない物を捨てるか持ち帰る。
・置き場所を決めて、揃えて置く。服はたたむ。
・ほこりやごみをとり除き、きれいにする。
・持ち物に名前を書き、足りない物は補充する。

（小松和重）

整理・整頓③
整理・整頓の手順を考え、実行しよう 5年

 POINT! 整理・整頓をどのような手順で行えばよいのかを考え、やってみよう。

机の中の引き出しを整理・整頓します。どんな順番でやりますか?

おおざっぱに手順を考えて発表する。

「引き出し」を使っていない学校は、「道具箱」を整理・整頓する。

考えよう

【整理・整頓の手順】
①計画を立てる
②整理する
③整頓する
④見直し、続ける

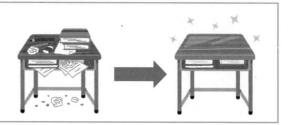

「②整理する」は、原則的には「捨てる」ことである。学校で捨てられる物は捨て、捨てられない物は持ち帰らせる。

「③整頓する」は、置き場所を決めて使いやすく片付けることである。

「④見直し、続ける」は、学活の時間を使って月に1回くらい行う。

やってみよう 机の中の引き出し（道具箱）を整理・整頓しよう

① 引き出しを、机の上に出す。

② 教科書、ノート、筆箱は机の中に入れたままか、中に戻す。

③ まずはそのままにして、全員でお互いの机の上を見合う。

④ 引き出しの中に入っている物を出しながら、下の表のように記入する。

⑤ 表をもとに整理する。いらない物は捨てるかランドセルに入れる。

【持ち物の確認】

入っている物	入っている数	必要な数	どうするか
（例）プリント	4	1	3枚持ち帰る。

⑥　引き出しを、ぬれぞうきんできれいに拭く。細かいごみは捨てる。

⑦　整とんする。置き場所を決め、順番に入れる。

⑧　完成したら、デジカメで写真を撮る。

⑨　早く終わったら、他の人を手伝うか、ぞうきんで机やいすを拭く。

⑩　ほぼ全員終わったら、③のように全員でお互いの机の上を見合う。

> 机の中の引き出し（道具箱）を整理・整頓したときに、工夫したポイント
> を班で発表しましょう。

①　引き出しに仕切りを作って、物を分けました。

②　いつも使う色鉛筆を上に置きました。

③　使わない物は持ち帰り、すっきりさせました。

④　はさみはすぐに出して使えるように、手前に置きました。

やってみよう　班で発表した工夫でよいものを、全体で発表しよう。

> 1班は、できるだけ物を整理して減らす工夫をした人
> がいました。そうすれば、すっきりして、何がどこに
> あるかわかるし、とり出しやすいからです。

　最後に、整理・整頓の仕方について、ノートに絵や言葉、図でまとめる。

　整理・整頓の前と後の絵を描くとよい。色もぬると、きれいになる。

　文章は、箇条書きにすると、わかりやすい。説明書きや矢印を入れたりし
て、一目でわかるようにまとめる。

（小松和重）

そうじ①
クリーン大作戦—学校・地域のそうじ 6年

POINT! 学校にはどんなごみがあるか調べてみよう！

学校にはどんなごみがあるでしょうか。今から調べてみましょう。

学校のどこに、どんなごみがあるかを予想させる。

ごみを付箋に張り付け、マンダラートで分類する。

①セロハンテープでごみをとる。
②付箋に張り付ける。
③マンダラートに張り付ける。

職員室

場所を書くと
わかりやすい。

感想を話し合わせる。

学校のそうじは、だれがしてくれているのだろう。

学校のそうじをしてくれている人を書かせる。

　しばらく時間をとったら、「何人か書けたら持って来なさい。」と指示を出す。黒板に書かせ、発表させる。

調べよう 地域では、どんな人がどのようなことをしてくれていますか。

①どんな人がいるか。
②どのようなことをしているか。
③自分にできることはあるか。

僕の家の近くでは、毎朝ごみ拾いをしている人がいます。僕も気が付いたときは拾うようにしたいです。

※後日、調べたことを発表させる。

（田代一馬）

5 | 住生活

そうじ②
計画を立てて実践しよう

 6年

POINT! そうじの計画を立てて、学校をきれいにしよう。

まずは、自分がそうじする場所を決める。

班でとり組んでもいいが、そうじ場所が同じ子供同士でグループを作ってもいい。

実際に見てみよう。

そうじする場所を決めたら、計画を立てましょう。

①よごれやごみの種類を調べる。
②そうじの仕方を考える。
③準備をする。
④そうじをする。
⑤後片付けをする。

どのくらい強いよごれかな？

どんな道具が必要かな？

実行日　月　日	掃除の手順や方法
掃除をする場所	
よごれの様子	
必要な道具	気づいたことや感想など

【ポイント】
①班ごとに点検する。
②班の中で一番書いていない子の
　ワークシートを見る。
③書いている道具以外は貸さない。

見てみよう ほこりの中には何があるかな？

※双眼実体顕微鏡で集めたほこりを見ると、ダニの死骸やいろんな色の糸くずを見ることができる。

（田代一馬）

そうじ③
そうじの工夫のアイデアを交換しよう　6年

POINT! いつものそうじを見直そう！

教室をきれいにします。自分にできることをやってみましょう。

＜ポイント＞

　いつも使っている掃除道具を用意しておく。

　①ほうき、②ちりとり、③雑巾

試してみよう　本当にごみが無くなったか試してみましょう。

　セロハンテープやガムテープを使って、残っているごみやほこりが
ないかを調べる。

→そうじをしたつもりでも、実は細かいごみや汚れが残っていることに気付か
せる。

話し合おう　さらに工夫できることを話し合いましょう。

【話し合うポイント】

①なぜよごれるのか。

②今までのそうじの仕方はどうだったか。

③どんな道具を使えばいいのか。

◀放課後に、主
事さんが集めた
ごみを見せると
みんなびっくり
する。

そうじ担当場所ごとに、発表してもらいます。

　発表のあとに、さらなるアイデアが思い浮かんだ場合、全体で発表させる。

　もう一度話し合いに戻し、その日のそうじの時間に工夫することを考えさせ
る。

（田代一馬）

5 │ 住生活

そうじ④
身のまわりの整理・整頓を振り返ろう

 整理・整頓名人になろう！

整理・整頓検定に挑戦しましょう！

<レベル1：道具箱とロッカー>

1級…見た目がきれいで誰にとっても使いやすい。

2級…見た目がきれいで使いやすい。

3級…自分にとって使いやすい。

【整理・整頓のコツ】
①同じ種類でまとめる
②仕切りを使ってまとめる。
③よく使うものは手前へ。

<レベル2：体育着のたたみ方>

1級…しわになっていないし、形も崩れないでたたんでいる。

2級…しわになっている、もしくは形が崩れている。

3級…とりあえずたためている。

<レベル3：水まわり>

1級…水滴も残さずにそうじできている。

2級…きれいだが、水滴が残っている。

3級…細かいごみや水滴が残っている。

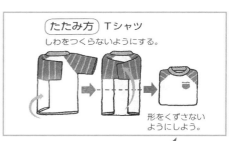

たたみ方 Tシャツ
しわをつくらないようにする。

形をくずさないようにしよう。

何回も練習しよう！

レベル3を合格したら君も整理・整頓名人だ！

<レベル4>

【教室でもっときれいにしたいところを見付けよう】

普段の生活でも実践していこう。

表彰状

（田代一馬）

6 消費生活・環境

生活とお金①
どんなことにお金を使っているのだろう 5年

 POINT! どんなときにお金を使っているのだろう？

どんなときにお金を使っていますか？

お菓子を買うとき。　本を買うとき。

　まず、お金を使った経験を振り返らせる。その後、教科書のイラストを読みとらせ、生活の中のどんな場面でお金を使っているのか考えさせる。

教科書のイラストから、どんなときにお金を使っているか考えましょう。

付箋を配り、「鉛筆を買うとき」「英語教室に通うとき」などと書かせる。

| えんぴつを買う時 | 英語教室に通う時 |

発表させ、意見を板書する。黒板に分類して書き、次の発問をする。

どのような仲間に分けたのか考えましょう。

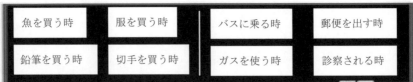

| 魚を買う時 | 服を買う時 | バスに乗る時 | 郵便を出す時 |
| 鉛筆を買う時 | 切手を買う時 | ガスを使う時 | 診察される時 |

「購入する」「サービスを受ける」に分類し、どんな観点で分けたのか考えさせる。その後、自分で書いた付箋も分類させる。「様々な場面でお金を使っています。計画的な使い方を勉強していきましょう。」と話し、授業を終える。

（保坂雅幸）

6 | 消費生活・環境

生活とお金②
「支出」の中身を分類すると見えてくること 5年

 支出にはどんな種類があるのだろう？

> 私たちは多くの場合、おうちの人が働いてお金（賃金）を得ています。それが「収入」です。物を買ったり、サービスを受けたりしてお金を払うことを「支出」と言います。

やってみよう 「支出」をグループ分けしてみよう。

　教科書のイラストから、お金の使用場面を読みとらせ付箋に書かせる（左ページ参照）。前時で書かせているなら活用する。下のようなワークシートを配布し、どんな費用なのかそれぞれ説明した後、該当する枠に付箋を貼らせる。

食費	
住居費	
光熱・水道費	
家具・家事用品費	
被服・はきもの費	
保健・いりょう費	
交通・通信費	
教育費	
ごらく費	

　活動後、グループで発表させる。教科書によってイラストからは読みとれない支出（医療費など）もある。「どんなときに、その費用を使いますか。」と発問し、生活と結びつける。「収入に対し支出のバランスを考え、計画的にお金を使うことが大切です。」と話し、学習の感想を書かせる。

（保坂雅幸）

6 | 消費生活・環境

買い物の仕方を工夫しよう①
計画的な買い物の仕方を考えよう 5年

 POINT! 今買うべきなのか、考えよう。

やってみよう 欲しいものを5つ挙げ、買うべきかどうか考えよう。

買い物名人になろう

課題 ほしいものを今買うべきかどうか考えよう。

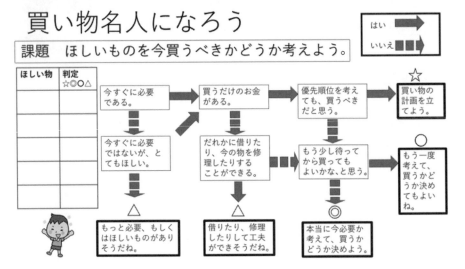

デシジョンツリーを活用し、欲しいものを、今買うべきかどうかを考えさせる。

考えよう 様々な購入方法のメリットとデメリットを考えよう。

「お店で買う以外にも、私たちは物を買うことができます。どんな方法があるでしょうか。」と発問し、意見を出させる。「電話注文」「インターネット」「自動販売機」などが出される。その後、それぞれのメリットとデメリットを考えさせる。「洋服を買うならどの方法がよいでしょうか。」「中古の本を買うならどの方法がよいでしょうか。」など、品物を限定して意見を出させると討論につながる。

(保坂雅幸)

6 | 消費生活・環境

買い物の仕方を工夫しよう②
何を大切にして買い物をすればよいのだろう 5年

 POINT! どんな点に注目して、買い物をしているのかな？

> 新しい筆箱を買うとします。どんな点に注目して選びますか。

> 値段。

> 大きさ。

> デザイン。

やってみよう 自分に合った買い物をするために、商品を比較しよう。

　家庭学習の課題である。文房具で、今何が必要か考えさせる。文房具に限定することで、書籍など買い物の際に比較しにくいものを選ぶことを防ぐ。「今は、特にない。」という児童もいる。その際は「いつか必要になるから、ノートをいろいろ比べてみるとよい。」と助言する。

買い物名人になろう

課題	自分にあった買い物をするために、商品を比較しよう。

今、必要な文房具（　　　　　　　　　　　）

商品名	お店	値段	分量	材質	その他特徴

　「複数の商品を比較してよりよい買い物について考える学習であること。」を保護者に伝え、協力を依頼する。注意点としては「必ず買う必要はない（商品を比べるのが目的である）こと。」を子供、保護者に伝えることである。家庭の事情や地域によっては購入が難しい場合があるからだ。

（保坂雅幸）

6 | 消費生活・環境

買い物の仕方を工夫しよう③
買い物をするとき気を付けること 5年

 POINT! 買い物をするとき、気を付けることは？

> ほしいものを手に入れるには、どんな方法があるでしょう。

考えよう

・買う　　　　　　・ゆずってもらう
・修理する　　　　・借りる
・自分で作る
・リフォームする
・いっしょに使う（シェアする）

> 今まで買い物で失敗したなあと思ったことはありませんか。

考えよう

　失敗経験を出させた後、失敗しないためにはどうしたらよいか考えさせる。

・買う前に必要かどうか考える。
・家族に相談する。
・買った後のことも考える。→長く使えるか
・お金が足りるか考える。（消費税も計算に入れる）→お金をためる・安くなるまで
　　　　　　　　　　　　　　　　　　　　　　　待つ・立てかえてもらう
・買い物の計画を立てる。
・情報を集めて品物を選ぶ。→・実物・チラシ・雑誌やテレビの広告・使った
　　　　　　　　　　　　　　　ことがある人の話・インターネット
・買う前に本当に必要か、もう一度考える。

まとめよう

　大切なお金は、計画を立てて「収入」と「支出」がつりあうように使う。
　買い物をするときは「予算」を立てて計画的に買い、大切に使う。

（飯田尚子）

買い物の仕方を工夫しよう④
買い物の仕組みって何だろう

 売買契約について知ろう。

次の場面で「契約」が成立するのはどの場面でしょうか。

調べよう

①買う物を決める　　②レジに行く　　③お金を支払う

④品物とレシートを受けとる　　⑤店を出る

次の場面はどうでしょう。

・電話でピザを注文したとき
・インターネットで服を買ったとき
・自動販売機で飲み物を買ったとき
・電車やバスに乗ったとき
・美容院で髪を切ったとき

契約後に品物を返すことはできるでしょうか。

できる、できないにわかれて話し合わせる。

話し合おう

買った後は、買った人の理由だけでは品物を返すことができないことを知らせる。困ったことが起こったときは、大人や消費生活センターに連絡することを知らせる。

（飯田尚子）

6 | 消費生活・環境

もののの使い方①
資源を守るために自分達にできること 5年・6年

 POINT! 資源を守るために、消費者としてどんなことができるだろう?

消費者としての私たちの行動が、資源を守ることにつながります。
どんなことができますか。できることをノートに書きましょう。

過剰包装はやめる。

食べ残しを減らす。

残したものは持ち帰る。

ふぞろいの野菜であっても味
は同じ。見た目で選ばない。

水道水を流しっ
ぱなしにしない。

そもそも買
いすぎない。

> 見付けよう | 自分の家でやっていることは何だろう。

(例) 1 シャワーよりもお風呂につかるようにしている。
　　　2 お風呂の水を再利用している。
　　　3 食べきれないほどの料理を作らない。
　　　4 食べ残し、飲み残しをしない。
　　　5 油は台所に流さないで、紙や布で拭いてから水
　　　　 洗いする。
　　　6 皿洗いは、ゆでた野菜の湯(パスタや麺類をゆ
　　　　 でた湯)を使う。

※資源を考えるとき、「食料自給率」や「食品廃棄物」に
　ついても触れられるとよい。(関連:社会)

Q 今のままの
「食料自給率」
ではどうなる?

A 食料の輸入
が全て止まっ
た場合、日本
の人口の半数
以上の人々が
食料不足にな
る。

(白石和子)

6 | 消費生活・環境

ものの使い方②
3R（リサイクル・リユース・リデュース）を考える 5年・6年

 POINT! ごみを減らすための工夫を考えよう！

着なくなった服はどうしていますか？

弟が着ています。

ママがフリーマーケットに出しています。

リサイクルショップに持って行きます。

最近は、リヒューズ（Refuse）を加えた「4R活動」もある。リヒューズとは、ごみになるものを否定し、レジ袋や過剰包装を断ること。

「3R活動」について知ろう

①リデュース（Reduce）→減らす。

②リユース（Reuse）→再使用する。

③リサイクル（Recycle）→資源として再使用する。

やってみよう 不用品（衣類）の扱いかたを「3R」に分類してみよう。

（例）リデュース（Reduce）　買いすぎない。おさがりをもらう。

　　　リユース（Reuse）　　　リメイクする。ウエスなどに活用する。

　　　リサイクル（Recycle）　おさがりにする。フリーマーケットを利用する。

　　　　　　　　　　　　　　　リサイクルショップを利用する。

学校や地域の人たちが実践している工夫も見付けてみましょう。

（白石和子）

ものの使い方③
地球環境を守ろう（CO2 生活排水など）
5年・6年

 POINT! 自分の生活を見直そう。

CO_2を出すものには×、出さない（減らす）ものには○を書きましょう。

> 使いやすい家庭科室にするために、どんな備品管理が必要でしょうか？

乗用車（ 　）　　　植物（ 　）　　　自転車（ 　）　　　暖房（ 　）

電車（ 　）　　　バス（ 　）　　　扇風機（ 　）　　　電気自動車（ 　）

考えよう CO_2を出さないために自分にできることを考えよう。

（例）冷房の設定温度を上げて、庭にグリーンカーテンを作る。

> できるだけたくさん箇条書きにしましょう。

> 生活排水ってどこから出てくるのかな？

【ワンポイント】
データを示すと、具体的な説明になる。

※子供に予想させたあと、実際にどんな環境問題があるのかを話し合わせる。

1週間実践した工夫を発表しよう。

※工夫したことのメモや写真を撮らせて発表させると、分りやすくなる。

（田代一馬）

ものの使い方④
ごみを減らすための工夫 （生ごみのたい肥化など） 5年・6年

 ごみを減らすための工夫を考えよう。

学校からは、どのようなごみが出ますか？

（例）給食の残飯・紙類

できるだけたくさん箇条書きにしましょう。

給食の残飯は、どうなっているのかな？

予想してみましょう。

「3R」を意識して考えてみよう。
① リデュース（Reduce）
② リユース（Reuse）
③ リサイクル（Recycle）

やってみよう ミミズコンポストに挑戦しよう。

クラスごとに給食の残飯の量を調べてみましょう。

【計画を立てる】
① 開始日
② かき混ぜる曜日
③ 担当
④ 畑にまく日

思ったより多かったかな？
少なかったかな？

写真を撮って
記録しよう！

しっかりかき混ぜないと
ウジ虫が湧くよ。

学校や家、地域の人が実践している工夫を見付けて発表しよう。

（例）買い物のときに、エコバッグを使っています。

（田代一馬）

環境問題① 5年・6年

 物やエネルギーの使い方を考えよう。

1．物の使い方を考える　「気に入ったものだけを買い、大切に使いきる」

> 海を汚してしまうプラスチックごみを何とかしたい、環境に優しい生活を
> しようということで、レジ袋の有料化やマイボトルなどの様々な取り組み
> がなされようとしています。
> そこであなたは布でできたエコバッグを買うことにしました。
> すると何回か使ったら汚れてきました。この汚れたエコバッグをどうした
> らよいですか。

　子供たちには自由に言わせていく。買い替える、洗って使う、気にせず使う
などが出る。

> 捨てて新しいものを買うのと、洗ってからまた使うのと、どちらが環境に
> 優しいと言えますか？　手を挙げましょう。

　これは、洗って使う、という方になっていく。そして理由を言わせていく。
数回しか使わなくてもエコバッグは、作るのにもエネルギーがかかることを子
供たちはわかっている。

> では、洗って使っていたらほつれてきた。どうしよう。つぎの方法を考え
> ましょう。

　様々な意見を出させたい。捨てて新しいものを買う、直して使う、ボロボロ
になるまで使う、雑巾などに再利用する、などと様々な意見が出るだろう。

> 物を最後まで使い切ることで、本当に環境に優しい生活ができますね。で
> は最後まで使い切るためには、どのようなものを買うのがいいのでしょう
> か？　お隣同士で意見を出し合いなさい。

最後まで使える本当に気に入ったものを買うということや、再利用したり、リサイクルできたりするものを買う、などの意見が出る。それらを板書する。

> みんなが言ったとおり、最後まで使うことができると思うくらい気に入ったもの、再利用できるものなどを考えて買うべきですね。物を買うときにはそういった点についても考えて買うことが大切ですね。感想を書きましょう。

　感想を発表させたのち、食品ロスの点についても付け加えておきたい。最後まで食べきれるように買う・食べきる、という料理の仕方などにも触れておく。そしてフードロスを減らす取り組みなどを調べさせ、自分がやってみたいものを実践させ、報告させるのもよい。

2．エネルギーの使い方を考える　「すぐにエアコンをつける？」

> 部屋が寒い。どうやってしのぎましょう。アイデアを自由に出し合おう。

　自由に発表させ、アイデアを板書していく。重ね着する、エアコンをつける、ストーブをつける、窓やドアを閉めるなど、様々なアイデアが出るだろう。

> 環境に優しいと思える方法はどれかを話し合ってみましょう。それを教室で実践していきましょう。

　窓やドアを閉めることや、場合によってはコートを着るなども出てくるだろう。教室で実践するにあたり、健康面の配慮もある。様々な検討をクラスで加えて、アクションプランを考えていく。
　暑い日と寒い日の過ごし方のそれぞれを学習した後に、教室で行うためにどうするか、という視点で授業をしたい。
　また、暑い日と寒い日というだけではなく、教室で行ってきた活動についても見直させたい。その昔、牛乳パックを洗ってはがきを作るなどの活動もあった。しかし、水を給食のたびに大量に使うことや、水質汚染の観点からも見直されたことなども紹介し、環境への負担も考えながら見直すことも必要であることを留意させていきたい。

（平山　靖）

環境問題②

5年・6年

POINT! 自然や物と上手に関わるとは？

1．エシカル消費について知る　『ゾウの森とポテトチップス』を入り口に

『ゾウの森とポテトチップス』（そうえん社）を子供たちに読み聞かせるところから授業を始める。

> 感想をお隣同士で話し合ってごらんなさい。

感想を板書していく。パーム油のために畑を作り、象たちの生活が脅かされている、という事実を改めて確認する。

動物たちに申し訳ない気がする「パーム油を使わないようにできないのか。」などの感想も、もちろん出てくる。

そこでRSPOマークを子供たちに見せ、次のように言う。

> これを "RSPOマーク" と言います。言ってごらん。
> これはどういうマークなのだと思いますか？
> 自由に意見を言い合ってごらんなさい。

子供たちからは、「ヤシの木の葉っぱがあるから、きっとヤシの木に関して環境に配慮したマークなのだろう。」と予想した意見が出てくる。

> 正式名称を、「持続可能なパーム油のための円卓会議」といいます。説明の動画を見てみましょう。

WWFのRSPOの紹介動画を見せる。検索サイトで、「RSPO」と入力すれば、すぐに動画が見付かるはずだ。

（https://www.youtube.com/watch?v=ABvAFWRBRCU）

こうやって環境に配慮した製品だとわかるようにしてくれています。こういう会社が出す商品なら買いたいと思う人？　このように、人や社会、地球環境、地域に配慮したものの買い方を「エシカル消費」と言います。他にも環境に配慮しているとわかるたくさんのマークがあります。次の時間に調べてみましょう。

２．エシカル消費のためのマークを調べる

RSPOマークを例に子供たちに次のようなフォーマットで調べさせる。

＜マークの名前＞　　RSPOマーク

＜どのような意味か＞

「持続可能なパーム油のための円卓会議（Roundtable on Sustainable Palm Oil）」の英語の頭文字をとって、"RSPO" と呼ばれている。

このマークのある商品を買うことで、どのような効果があるか。

パーム油をとるためのアブラヤシ農園で、悪い業者が伐採したものを買わないですむ。

環境に優しい会社の製品が売れるようになる。RSPOマークの商品なら安心して使える。

あくまで一例として子供たちに示す。

そしてこのフォーマットにしたがって子供たちをパソコン室や、図書室につれていき、調べさせる。

調べを終えたら、それぞれ発表させ、共有する。その後、自分の消費についての感想を書かせる。

今回は環境の面からのエシカル消費を紹介した。しかし、チョコレート（カカオ）もいい教材になる。エシカル消費という点では、貧困の問題を解決するための "フェアトレードマーク" のあるチョコレートや砂糖、コットンなどでも授業ができる。そういった点で教材研究をしてみると、人に配慮した形での消費活動の授業をすることができる。

（平山　靖）

◎執筆者一覧　　※印は編者

白石和子　　　東京都公立小学校教諭　　※
紫前明子　　　北海道公立小学校教諭
川津知佳子　　千葉県公立小学校教諭　　※
山後珠貴　　　東京都公立小学校教諭
平　眞由美　　神奈川県公立小学校教諭
柏木麻理子　　千葉県公立小学校教諭
小林正快　　　千葉県公立小学校教諭
飯田尚子　　　三重県公立小学校教諭
鈴木恭子　　　神奈川県公立小学校教諭
工藤俊輔　　　埼玉県公立小学校教諭
平山　靖　　　千葉県公立小学校教諭
本吉伸行　　　大阪府公立小学校教諭
小松和重　　　千葉県公立小学校教諭
田代一馬　　　東京都公立小学校教諭
保坂雅幸　　　東京都公立小学校教諭

◎監修者

谷　和樹（たに・かずき）

玉川大学教職大学院教授

◎編者

白石和子（しらいし・かずこ）

川津知佳子（かわづ・ちかこ）

授業の腕が上がる新法則シリーズ
「家庭科」授業の腕が上がる新法則

GAKUGEI
MIRAISHA

2020 年 5 月 10 日　初版発行
2022 年 4 月 30 日　第 2 版発行

監　修　谷　和樹
編　集　白石和子・川津知佳子
執　筆　「家庭科」授業の腕が上がる新法則　執筆委員会

発行者　小島直人
発行所　株式会社 学芸みらい社
　　　　〒162-0833 東京都新宿区箪笥町 31 番 箪笥町 SK ビル 3F
　　　　電話番号 03-5277-1266
　　　　https://www.gakugeimirai.jp/
　　　　e-mail:info@gakugeimirai.jp
印刷所・製本所　藤原印刷株式会社
企　画　樋口雅子
校　正　渡部恭子
装　丁　小沼孝至
本文組版　本郷印刷株式会社

ISBN978-4-909783-40-0 C3037

授業の腕が上がる新法則シリーズ　全13巻

監修：谷 和樹（玉川大学教職大学院教授）

新指導要領対応！

新教科書による「新しい学び」時代、幕開け！
2020年度からの授業スタイルを「見える化」誌面で発信！

4大特徴

基礎単元＋新単元をカバー	授業アイデア＆スキル大集合
授業イメージ、一目で早わかり	新時代のデジタル認識力を鍛える

◆「国語」授業の腕が上がる新法則
村野 聡・長谷川博之・雨宮 久・田丸義明 編
978-4-909783-30-1 C3037　本体1700円（＋税）

◆「算数」授業の腕が上がる新法則
木村重夫・林 健広・戸村隆之 編
978-4-909783-31-8 C3037　本体1700円（＋税）

◆「生活科」授業の腕が上がる新法則※
勇 和代・原田朋哉 編
978-4-909783-41-7 C3037　本体2400円（＋税）

◆「図画工作」授業の腕が上がる新法則
1〜3年生編※
酒井臣吾・谷岡聡美 編
978-4-909783-35-6 C3037　本体2400円（＋税）

◆「家庭科」授業の腕が上がる新法則
白石和子・川津知佳子 編
978-4-909783-40-0 C3037　本体1700円（＋税）

◆「道徳」授業の腕が上がる新法則
1〜3年生編
河田孝文・堀田和秀 編
978-4-909783-38-7 C3037　本体1700円（＋税）

◆「プログラミング」授業の腕が上がる新法則
許 鍾萬 編
978-4-909783-42-4 C3037　本体1700円（＋税）

◆「社会」授業の腕が上がる新法則
川原雅樹・桜木泰自 編
978-4-909783-32-5 C3037　本体1700円（＋税）

◆「理科」授業の腕が上がる新法則※
小森栄治・千葉雄二・吉原尚寛 編
978-4-909783-33-2 C3037　本体2400円（＋税）

◆「音楽」授業の腕が上がる新法則
関根朋子 編
978-4-909783-34-9 C3037　本体1700円（＋税）

◆「図画工作」授業の腕が上がる新法則
4〜6年生編※
酒井臣吾・上木信弘 編
978-4-909783-36-3 C3037　本体2400円（＋税）

◆「体育」授業の腕が上がる新法則
村田正樹・桑原和彦 編
978-4-909783-37-0 C3037　本体1700円（＋税）

◆「道徳」授業の腕が上がる新法則
4〜6年生編
河田孝文・堀田和秀 編
978-4-909783-39-4 C3037　本体1700円（＋税）

各巻A5判並製
※印はオールカラー

激動する社会の変化に対応する教育へのパラダイムシフト ―― 谷 和樹

　PBIS（ポジティブな行動介入と支援）というシステムを取り入れているアメリカの学校では「本人の選択」という考え方が浸透しています。その時の子ども本人の心や体の状態によって、できることは違います。それを確認し、あくまでも本人にその時の行動を選ばせるという方法です。これと教科の指導とを同じに考えることはできないかも知れません。しかし、「本人の選択」を可能にする学習サービスが世界的に広がり、増え続けていることもまた事実です！

　また、写真、動画、Webページなど、全教科のあらゆる知識をデジタルメディアで読む機会の方が多くなっているのが今の社会です。そうした「デジタル読解力」について、今の学校のカリキュラムは十分に対応しているとは言えません。

　子どもたち「本人の選択」を保障する考え方、そして幅広い「デジタル読解力」を必須とする考え方を公教育の中で真剣に考える時代が到来しつつあります。

　本書ではこうしたニーズにできるだけ答えたいと思いました。

　本書の読者のみなさんの中から、そうした問題意識をもち、一緒に研究を進めていただける方がたくさん出てくださることを心から願っています。